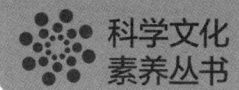

科学文化素养丛书

总主编 俞鸿儒 姚 克

本册主编 王屹峰 王英伟

科学在身边

浙江教育出版社·杭州

科学文化素养丛书编委会

总 主 编：	俞鸿儒　姚　克
副总主编：	郑金平　陆　锦
编　　委：	尹传红　汪光年　周　俊
	赵宏洲　龙爱民　王屹峰
	罗兴波　王　聪　敖妮花
	何黎峰　龙华东　王闰强
	王海波　王英伟
本册主编：	王屹峰　王英伟

前言

"科学文化素养丛书"是一套解读科学新发现、反映当代科学研究成果的丛书。丛书是由浙江省科学技术协会牵头相关部门(单位)合力打造的浙江科学文化工程重点项目,中国科学院、浙江省科普作家协会等提供了大力支持。丛书共分五册,聚焦"科学谣言""身边的科学""黑科技""科学新史话""科学新发现"五个话题。

出版本套丛书旨在让读者开阔眼界、增长知识,提升对科学文化的认知。科学文化不仅包括科学知识和科学方法,还包括科学精神和科学思想,后者又可理解为对科学认识的一种积淀。丛书通过科学探索、发现和创造的过程告诉我们,世界上没有一成不变的东西,科学探索永无止境。

以"科学新发现"这个话题为例,说到近几年的重大科学发现,大家会想到引力波。从1916年爱因斯坦预言引力波的存在到2014年的近百年间,引力波一直无法被直接探测到。2016年2月11日,激光干涉引力波天文台(LIGO)宣布,该台于2015年9月14日直接探测到一个来自13亿光年之外的黑洞与黑洞并合产生的引力波。2017年10月3日,LIGO的3位科学家韦斯、索恩与巴里什共同获得了2017年的诺贝尔物理学奖。2017年10月16日,LIGO宣布探测到1.3亿光年之外的一对中子星并合发出的引力波。同一时刻,世界上其他十几个机构（如美国宇航局、欧洲南天天文台、中国科学院紫金山天文台和清华大学等）也宣布探测到了伴随这次引力波的 γ 射线暴、光学暂现源（千新星）以及抛射物与星际介质碰撞后激发出的 X 射线辐射与射电辐射。可以说，这是举世瞩目的重大科学发现。

但这并不是终结，这种发现每时每刻都有。美国的丹尼尔·J.布尔斯廷在《发现者》一书中开宗明义地指出，"我们现在所观察到的世界，即时间、陆地与海洋、天体与人体、植物与动物、历史与古往今来的人类社会等景象，只能是由无数的'哥伦布'为我们揭示的"。正是这些源源不断的发现，不断地扩充我们的知识版图，刷新我们的认知，改变我们的生活，塑造我们的未来。同时这些发现也告诉我们，这是一个没有结尾的故事，不仅整个世界仍是新大陆，还有更多的宇宙黑洞等待着人类去发现、去认知，这是一项永远在路上的事业。从这个意义上说，科学文化就是推动人类对世界万物的认识的土壤，这块土壤越肥沃，科学探索、发现和创造的成就会越大，这也是国家要提高全民科学文化素养的原因之一。

本套丛书内容权威，作者主要是来自中国科学院各个研究所的科技专家，其中大部分是青年科技人员，他们对专业知识的解读更科学、更准确、更权威。在很长一段时间里，人们总以为科普只要做到知识的通俗化就可以了。这种理解是不科学、不全面的，导致了一些科普图书为了噱头东拼西凑，割裂知识的完整性，还导致了某些打着科普旗号的非科学、伪科学的流行。近年来，科学传播越来越受到人们的重视，虽然科普方式十分重要，但其内容永远是根本。为了保证知识的权威性，科学家应成为科普的主力军，科学家在探索未知、创造新知识的同时,还应该向大众传递自己对科学探索的热情以及取得新发现时的兴奋之情,构筑科学与大众之间的桥梁。

本套丛书在可读性、趣味性方面也进行了有益的尝试,希望能让读者领略到科学文化之美。

丛书编委会

2019 年 8 月

目录 Contents

第一部分 植物大搜索

1. 名叫"红豆"的植物有十几种,您分得清楚吗 / 3
2. 菖蒲芳香又"辟邪",但吃下去就不好了 / 8
3. 马铃薯:从南美洲到火星的奇幻之旅 / 14
4. "无花果"真的无花吗 / 22
5. 你敢吃"树蝴蝶"——肺衣吗 / 25
6. 植物上那些黄黄绿绿、没根没叶的丝状物是什么 / 30
7. 谁叫我身手不凡——意大利苍耳的"自白" / 34

第二部分 动物新探秘

8. 连蛋都在告诉你,想瘦就要多运动 / 41
9. 萤火虫科学观赏指南:别让浪漫带上残忍的光环 / 46
10. 同样是水陆两栖,为什么青蛙是两栖动物而鳄鱼是爬行动物 / 51

第三部分 人体千百态

11 熬夜伤身、消夜长膘,生物钟原来如此强大 / 59

12 脑科学教你如何更会吃 / 62

13 人为什么要打哈欠 / 67

14 为了研究长寿,科学家也是拼了 / 73

15 脑电波能让你拥有读心术、意念控制术吗 / 79

16 如何提高记忆力 / 86

第四部分 疾病知多少

17 晚上睡不着,睡眠质量差,又失眠了 / 97

18 愤怒与抑郁背后的罪魁祸首究竟是谁 / 101

19 基因检测,到底要不要做 / 107

20 听说你缺乏维生素D,别急,看完再决定要不要补 / 111

21 自闭症的"天才星星"知多少 / 117

第一部分

植物大搜索

第一部分
植物大搜索

● 第一部分　植物大搜索

1. 名叫"红豆"的植物有十几种，您分得清楚吗

● 红豆

幼时读诗"红豆生南国，春来发几枝"，"玲珑骰子安红豆，入骨相思知不知"，曾不解：为何说红豆生于南国？用来煮粥、做豆沙馅儿的红豆这么普通，怎么会和相思牵扯不尽？

后来才明白，原来这生于南国的红豆与煮粥、做豆沙馅儿的红豆并不是同一种植物。

红豆竟有十几种

查阅相关的植物名称数据库，你会发现，名叫"红豆"的植物竟有十几种，那么古今诗词里吟唱的"红豆"究竟是哪一种呢？

尽管时过境迁，我们无法确切地知道王维所指的是哪种植物。不过，根据"春来发几枝"，可以肯定的是，这相思红豆是木本植物，而老百姓常吃的红豆则是豆科豇豆属的草本植物赤豆和赤小豆的种子。

关于相思红豆到底是哪种植物，大家争论不休。中国

科学院首任院长郭沫若先生、北京大学汪劲武教授等人都专门考证过这种植物,但是众说纷纭。

"情人的眼泪"相思子

古人多把相思子视为红豆,《唐本草》中就把两者视为同一种植物,之后的《广群芳谱》《植物名实图考》等都有这种说法。

▲相思子的果实(引自中国植物图像库,徐晔春摄)

相思子是一种木质藤本植物,开淡红色或紫色花朵,红色种子下部有一小块黑色,也叫"黑嘴",还被称为"情人的眼泪"。

有个关于红豆的传说:古时有位男子出征,其妻朝夕倚于高山上的大树下祈望哭泣,泪水流干后,流出鲜血,血滴化为红豆并生根发芽,长成大树。从中我们知道,"红豆"应是一种乔木,而相思子却是藤本植物,因此"相思子即红豆"的说法还需斟酌。

相思子虽然美丽,却十分危险,它的根、叶都有毒,种子更有剧毒,一颗破裂的种子即可致人死亡,食用和伤口接触都会造成中毒。

那么市场上常常见到的用相思子制成的饰品,会不会很危险呢?

原来,相思子的毒蛋白主要在子叶

▲攀缘其他植物茎干而上的相思子是一种藤本植物(引自中国植物图像库,司徒惠苗摄)

中，只要种皮不破裂就不会释放毒素，而它的种皮坚硬厚实、不易破裂，即使整粒吞下都不会危及生命。但如果在饰品加工过程中因打孔、切割等使种皮被破坏，一旦误食，后果不堪设想。

"心心相印"海红豆

郭沫若先生认为，王维诗中的"红豆"指的是海红豆。

海红豆属于落叶小乔木，常见于我国岭南地区，开白色或淡黄色小花，

海红豆的果与花（引自中国植物图像库，司徒惠苗摄）

种子质地坚硬、不易腐蚀，色泽血红，晶莹鲜亮，形状则为小小的心形，且种子外缘内侧有一条较浅的心形纹路，被称为"心心相印"。它不易褪色，也不易腐烂，恰如坚贞的爱情，历久弥坚。

相比有"黑嘴"的相思子，海红豆的这些特征与相思红豆更相符一些。

高大乔木红豆树

汪劲武教授则认为，相思红豆是红豆属的红豆树及其近缘种。

红豆树是一种高大乔木，在几种"红豆"植物中，它的分布纬度最高，

▲ 分布于湖北宜昌的红豆树（引自中国植物图像库，李晓东摄）

我国陕西南部、甘肃东南部、湖北、四川、江苏等地都能见到。相比其他两种"红豆"，古人见到红豆树的机会更多，更容易将其当作信物传递。

王维是山西人。要知道，在北方人看来，长江以南地区都称得上是南方，因此，王维所说的"南国"并不一定是岭南。而王维本人是否见过"红豆"也无从得知，因此汪劲武教授倾向的"红豆树即红豆"的说法也是有理有据的。

烟火气息中的红豆

说罢诗词里的红豆，我们再谈一谈饭桌上的红豆，它们虽然与爱情无关，却与柴米油盐的生活息息相关。

其一是豆科豇豆属的赤豆，它是豆沙馅儿的主要原料，赤豆属一年生草本植物，种子稍扁，直径为4~6毫米，田间地头很常见。

其二为赤小豆，豆如其名，比赤豆小一些，同为豇豆属一年生草本植物。种子呈圆柱形，长为5~7毫米，直径为3~5毫米，是健脾利湿、清热解毒的佳品。赤小豆的经济价值居五谷杂粮之首，更有"金豆"之美称。

▲ 红豆树的种子（引自中国植物图像库，陈炳华摄）

▲ 赤豆（引自中国植物图像库，白重炎摄）

第一部分　植物大搜索

赤小豆（引自中国植物图像库，张亚洲摄）

说到这里，这林林总总的"红豆"，您分清楚了吗？

作者：叶建飞（中国科学院植物研究所）

科学在身边

菖蒲芳香又"辟邪",但吃下去就不好了

端午节是一个和植物密切相关的节日。在这一天,人们要吃粽子,而在中国不同的地方,包粽子所用的粽叶是不同的植物。另外,很多地方还有在门上插艾草和菖蒲的习俗。

端午原是辟邪的节日

从南朝开始,端午节就和屈原联系在一起了,无论包粽子还是赛龙舟,据说都是为了纪念屈原。但根据一些学者的考证,端午节最早出现在东汉,那时候它是一个纯粹用来辟邪的节日。

端午节在夏历五月初五,离夏至很近。夏至是一年中白昼最长的一天,过了夏至,白昼逐渐变短,黑夜逐渐变长,便让古人有了"阴气"开始萌发的感觉。因为"阴气"和疾邪相关,在夏至前后,古人自然就想到要辟邪。正巧,"五"又是一个阳数,五月初五是两个阳数相叠,也给人阳气已极、阴气将萌的感觉,于是很多辟邪的活动就在端午节进行。无论是包粽子、赛龙舟、插芳草,还是喝雄黄酒(有毒），这些后世的习俗无一例外，最初都是为了辟邪。

其中，插芳草这个习俗，在医学上多少有些道理。芳草中带有芳香气味的化学成分，通常是植物用来抵御害虫、有害细菌或真菌侵袭的化学武器，其中一些化学成分也可以杀死一些危害人类的致病菌。用艾草和菖蒲之类的芳香植物装饰房屋，它们释放出来的香气可以清洁室内外的空气，在古人看来，也就起到了"辟邪"的作用。

端午节插的芳草中，我们专门来讲讲菖蒲。

特立独行的菖蒲

菖蒲（引自中国植物图像库，周洪义摄）

菖蒲是菖蒲属的湿生植物。在以前的分类中，菖蒲属归于天南星科。但是植物学家研究发现这个属十分独特，与天南星科不一样。

比如，天南星科植物与绝大多数被子植物一样，在生殖过程中有"双受精"现象——花粉中的精细胞一分为二，一个和卵细胞结合成为受精卵，发育成种子的胚；另一个和极核结合成为受精极核，一般发育成种子中的胚乳。但是，菖蒲属却没有这种"双受精"现象，在20多万种被子植物里面，如此另类的植物实在少见。要知道，植物学教科书上都是把"双受精"现象作为被子植物的典型特征来介绍的。

不仅如此，植物学教科书上还说被子植物的另一个特征是有导管，导管就是由许多管形死细胞首尾连接组成的长管，可以高效率地传输水分。菖蒲却没有这种典型的导管结构，只有一种形态特殊的管胞，虽然也是管形的死细胞，首尾长长地连接起来，但每个管胞两端还有残存的细胞壁，就像在水管里每隔一段就塞进一张铁丝网一样，多少会影响水分的传输。像这样没有典型导管结构的植物，在被子植物里也是少见的。

揭秘菖蒲的芳香成分

菖蒲属植物在化学成分上和天南星科植物也不一样。天南星科植物没有精油细胞，但菖蒲属植物有精油细胞，它的芳香物质就是由精油细胞分泌的，主要成分是β-古芸烯和β-细辛脑，其中没有一种是天南星科植物能合成的。实验表明，这些化合物不仅能散发芳香（东南亚和南亚著名的"羯布罗香"精油，主要成分也是β-古芸烯），而且确实可以驱逐或杀灭细菌、真菌和害虫，它们是菖蒲属植物自卫的武器，也在菖蒲的"辟邪"功能中起到了关键作用。

因为这些原因，从20世纪80年代开始，越来越多植物分类学界的学者支持把菖蒲属从天南星科中分出来，独立成菖蒲科。分子研究表明，菖蒲科实际上是单子叶植物里面最古老的分支，也就是说，它很早就和其他单子叶植物分道扬镳，独立演化了，所以才拥有那么多独特的性状。

▲天南星和半夏（引自中国植物图像库，左图为天南星，喻勋林摄；右图为半夏，周繇摄）

不过，虽然菖蒲的精油具有芳香的气味，在国外常常用来浸制利口酒，但是其中的β-细辛脑却是一种有潜在致癌风险的化学成分。因此，美国食品药品监督管理局禁止把菖蒲提取物作为食品添加剂；欧盟虽然允许使用，但严格规定了β-细辛脑含量的上限。在这一点上，菖蒲倒是和天南星科一些剧毒植物（比如天南星、半夏等）有点像，都是入口便会危害健康的植物。所以，虽然菖蒲芳香能"辟邪"，但吃下去就不好了。

那些叫"菖蒲"的植物

▲ 菖蒲和香蒲（引自中国植物图像库，左图为菖蒲，周繇摄；右图为香蒲，徐永福摄）

在先秦的时候，"蒲"指的是另一类今天叫"香蒲"的水生植物，菖蒲则叫作"荃"或"荪"。读过《楚辞》的朋友一定会对这两个名字非常熟悉。因为菖蒲的形态和香蒲有点像（比如花序都是棒状），所以后来人们就给它另起了"菖蒲"之名。

菖蒲的叶子有个特点，就是整齐地排成两列，基部一左一右地相互套叠。正巧，鸢尾属不少种类的叶子也是这样，其中也有一些是湿生植物。因此在唐代，有些人会把鸢尾属植物和菖蒲混淆起来。中唐政治家、文学家李德裕就几次把一种开紫色花的鸢尾属植物当成"溪荪"来吟诵，不仅说"石上溪荪发紫茸"，还详细地描述它的花"紫艳映渠鲜，轻香含露洁"。其实，"溪荪"在历代本草书中指的都是菖蒲的一个类型，但因为李德裕的误认，明治时代的日本植物学家松村任三便把"溪荪"定为鸢尾属植物。这个轻率的鉴定后来又被《中国植物志》等权威志书沿袭，便无法更改了。

▲ 溪荪（引自中国植物图像库，宋鼎摄）

🜢 玉蝉花（左，引自中国植物图像库，周繇摄）、黄菖蒲（中，引自中国植物图像库，朱鑫鑫摄）、唐菖蒲（右，引自中国植物图像库，宋鼎摄）

事实上，在中国唐代的同时期，日本人就把这种今天叫"溪荪"的鸢尾属植物误认为"菖蒲"了。后来，日本人又进一步把鸢尾科的很多植物都用"菖蒲"命名——玉蝉花的园艺品种"花菖蒲"，原产欧洲、开黄色花的"黄菖蒲"，原产非洲的著名切花植物"唐菖蒲"（这里的"唐"字只是表示从国外传来，不是指原产中国），原产北美洲、在日本逸为野生的杂草"庭石

🜢 东京小石川植物园的杂草庭菖蒲。小石川植物园的第一任园长松村任三把"溪荪"鉴定为鸢尾属植物

菖"……这些名字又都被中国植物学家搬了过来（只有"庭石菖"改成了"庭菖蒲"），于是现在鸢尾科植物的中文名中，也出现了很多"菖蒲"字样。

作者：刘夙（上海辰山植物园）

科学在身边

3. 马铃薯：从南美洲到火星的奇幻之旅

▲ 没有马铃薯，就没有《火星救援》

如果一个人被独自遗留在火星上，他能靠什么活下来？答案是马铃薯。影片《火星救援》中，身为植物学家的马特·达蒙的选择是十分明智的，马铃薯简直浑身都是宝，而且居然能在火星的恶劣环境中生长。下面我们就来讲讲马铃薯的故事。

为什么世界第四大粮食作物是它

马铃薯是世界上最古老的人类食物之一，在所有的农作物中，它算是非常容易种植的一类。每当有边角地块又不想撂荒时，农民们总会选择"投下几粒马铃薯"。因为它是"最好伺候"的农作物，与其他粮食作物相比，马铃薯不仅抗旱、早熟，而且淀粉含量高、种植适应性好，素有"铁杆庄稼"的美称。

第一部分 植物大搜索

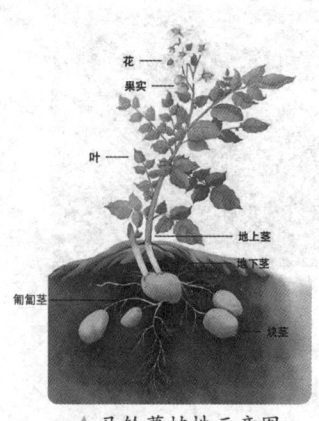

马铃薯植株示意图

马铃薯，别名土豆、洋芋、地豆等，是茄科一年生草本植物，植株高度可达100厘米，与同科的茄子、番茄（西红柿）等是近亲。马铃薯在地下形成块茎，丰富的淀粉含量使其成为仅次于玉米、小麦和水稻的世界第四大粮食作物。

同样是生在地下的可食用部分，与甘薯的块根不同，马铃薯是块茎。马铃薯的茎的构成包括地上茎、地下茎、匍匐茎和块茎四部分，其中块茎是短而肥大的变态茎，是储藏养分的器官，匍匐茎顶端停止极性生长后，皮层、髓部及韧皮部薄壁细胞分生和扩大，并积累大量淀粉，使匍匐茎顶端膨大形成块茎。块茎一般呈椭球形，表皮有白、黄、红、紫等颜色，果肉呈白、黄、红、紫等颜色，其中食用品种以黄肉和白肉者居多。而马铃薯的根是由块茎繁殖生长而成的须根系。

虽然马铃薯主要靠地下块茎繁殖，但它其实也是有果实的，它的果实是一种浆果，呈球形或椭球形，果皮为绿色、褐色或紫绿色，果实内含种子100～250粒。有意思的是，贮藏一年的种子发芽率较当年的反而高30%～40%，这可能是因为种子有休眠期。

相比其他主要粮食作物，水稻、小麦和玉米收获的都是果实和种子，唯独马铃薯收获的是块茎，这也给它带来了与众不同的优势。由于自带营养储备，且整个生长期间持续生长，所以马铃薯抵抗恶劣环境的能力很强，可以在除了盐碱地之外的任何土壤中生长，能够适应8℃～30℃的日均温度，因此在许多贫瘠且偏寒冷的多山地区，种植马铃薯是首选。而在较温暖的亚热带地区，马铃薯可以在全年任何时候播种。

马铃薯的花、叶及果实

此外，温带地区马铃薯的生长周期大约是4个月，从第二个月起，新的块茎就开始形成，成熟之后仍然可以留在地里一段时间，所以不存在特别集中的农忙时节，不易出现"青黄不接"的场景。

收获季节的马铃薯

南美来客的漂泊史

由于马铃薯含有丰富的营养物质，被一些国家赋予"地下苹果""第二面包"等美称，具有主食的全部特性，并且亦粮、亦蔬、亦果，是公认的健康食物。

马铃薯原产于南美洲安第斯山区，最早种植马铃薯的是秘鲁的印第安人。考古学家曾在印第安人的古墓中发现了许多绘有马铃薯图案的陶器，从这些图案推断，马铃薯在南美的栽培史至少可以追溯到公元前2800—前2000年。

弗朗西斯科·皮萨罗像

1532年，以弗朗西斯科·皮萨罗为首的首批西班牙殖民者抵达南美洲安第斯山地区，并惊奇地发现当地人种植一种名为"papa"的奇特地下果实，"煮熟后变得柔软，吃起来如同炒栗子一样，外面包着一层不太厚的皮"。这种被当地印第安人尊奉为"丰收之神"的与菌菇类似的奇异椭球形"块菌"，就是今天为人所熟知的马铃薯。随着西班牙、葡萄牙殖民者对安第斯山区的征服，马铃薯作为一种"战利品"被殖民者带回了欧洲。

最初马铃薯在欧洲的产量很低，直到 17 世纪初，植物学家培育出适合欧洲地区种植的马铃薯品种，这一问题才得到解决。不过当时人们普遍对马铃薯心存疑虑，有些人甚至认为食用马铃薯会引起麻风病等传染病，所以只有少量种植，主要用作饲料，只有缺少粮食的穷人才会尝试食用马铃薯。但是马铃薯高产和适应性强的特点，在饥荒来临时凸显了自身的优势。发生于 18 世纪的一系列饥荒，使马铃薯的推广种植迎来了机遇。普鲁士是最早接纳马铃薯的地区之一，腓特烈大帝在 1740 年将推广马铃薯列为官方政策，并取得了很大的成效。

马铃薯在欧洲的推动者——腓特烈大帝像

1756—1763 年，欧洲大陆爆发了"七年战争"，在此期间，巴黎一位名叫安东奥古斯特·巴曼提耶的药剂师，作为法国军队的随军医生被普鲁士军队俘虏 5 次，能吃到的牢饭几乎只有农民用以喂猪的马铃薯。尽管如此，巴曼提耶的身体却依然健康，这使他对马铃薯产生了浓厚的兴趣。回到法国后，通过对马铃薯成分的分析，他发现马铃薯无毒且营养丰富。于是他亲自栽种马铃薯，不惜自掏腰包请社会名流吃马铃薯宴，美国总统杰斐逊也曾一度是他的座上宾。在巴曼提耶、国王路易十四和王后玛丽·安东诺特的积极推动下，马铃薯成功地走上了法国人的餐桌。

与其他欧洲国家的艰难推广不同，马铃薯进入爱尔兰格外顺利，由于连年

安东奥古斯特·巴曼提耶像

的战争、贫穷、人口过多及土地的贫瘠，爱尔兰人几乎没有任何犹豫就接纳并疯狂喜爱上了这种植物。在1780—1840年的60年间，得益于大规模种植马铃薯带来的充足食物，爱尔兰人口从400万增长到了800万。

但是这种脆弱的经济在1845年受到了巨大的打击。当时，一种叫作晚疫病菌的真菌感染了马铃薯，造成其茎叶和块茎腐烂，马铃薯大幅减产甚至绝收。欧洲大陆上的其他地方还可以依靠小麦等作物弥补马铃薯减产带来的冲击，然而在爱尔兰，粮食的种植品种单一，大量农民主要靠马铃薯维持生计，再加上当时英国政府的政策错误，饥荒不可避免地发生了。在随后的5年里，100万人因饥荒而死，更多的人背井离乡，去新大陆美洲和澳洲寻求生计，构成了如今美国庞大的爱尔兰后裔群体。这次饥荒带来的教训如此惨痛，以至于爱尔兰谚语里说：世界上只有两种东西开不得玩笑，一是婚姻，二是土豆。

🔴 爱尔兰首都都柏林的饥荒雕像

马铃薯在美国发扬光大，总统与科学家功不可没。1767年，美国第一任总统华盛顿将马铃薯种植在自己的庄园里；第二任总统亚当斯的家信中也时常提及"吃马铃薯"的片段；第三任总统杰斐逊于1772年开始吃马铃薯，并钟爱一生。大名鼎鼎的美国科学家本杰明·富兰克林曾任驻法国大使，其间一次偶然的机会，在宴会上品尝了20种不同方法烹饪的马铃薯，回到美国后，他盛赞马铃薯，认为马铃薯是最好的蔬菜。1802年，托马斯·杰斐逊总统在白宫用炸薯条招待客人，自此炸薯条迅速成为美国最时尚、最流行的食物，并影响至今。如今在大众眼里，"薯片（条）"已经与硅谷的"芯片"、好莱坞的"大片"一起成为美国文化软实力的标志。

马铃薯进入中国的时间目前说法不一,不过多数学者认为马铃薯是在明朝传入我国的。徐光启(1562—1633年)所写的《农政全书》中记载有"土豆"的名字,书中写道:"土芋,一名土豆,一名黄独。蔓生叶如豆,根圆如鸡卵,内白皮黄,……煮食,亦可蒸食。又煮芋汁,洗腻衣,洁白如玉。"在中国人口膨胀、战乱频繁的年代,马铃薯以其独特的优势,与甘薯一起迅速被广大民众接受,醋熘土豆丝、土豆炖肉、地三鲜、洋芋擦擦等具有鲜明本土特色的菜肴不断涌现,成为餐桌上必不可少的食品。

马铃薯怎么吃才对

作为粮食作物,马铃薯在营养上占有一定优势:

1. 马铃薯块茎含有2%左右的蛋白质,容易消化、吸收。

2. 马铃薯是所有粮食作物中维生素含量最全的,其含量相当于胡萝卜的2倍、大白菜的3倍、番茄的4倍,尤其是维生素C,马铃薯块茎维生素C的含量约为苹果的6倍,一个成年人每天吃0.5千克的马铃薯即可满足体内对维生素C的全部需要。此外,马铃薯中钾和胡萝卜素的含量也较高。

不过,切碎水煮或者油炸的烹饪方式会导致马铃薯许多营养元素的流失,所以从营养角度看,洗净后带皮煮熟应该是马铃薯最好的烹饪方法。

马铃薯如果放置时间比较长或者储存温度较高时,会出现发芽、变青的情况。这是因为土豆中产生了一种叫作龙葵碱的物质。马铃薯发芽后,芽周围的龙葵碱含量会大幅增加,虽然产生的青色物质不是龙葵碱,但"变青"是龙葵碱产生的标志。这是马铃薯在进化过程中形成的一种自我

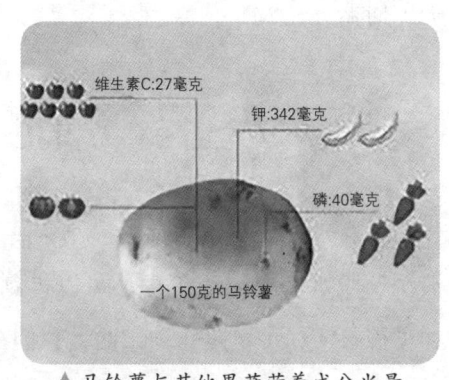

🍂 马铃薯与其他果蔬营养成分当量

▲ 不能食用的马铃薯

保护机制，保护其不被动物取食。龙葵碱是一种神经毒素，人摄入过多会引发呕吐、腹泻等症状，严重时甚至危及生命。

许多茄科植物都有这个特点，如茄子和未成熟的青色西红柿，这两种作物中的龙葵碱含量相对较低，因此不会引发中毒。在马铃薯产生的芽不多、青色部位不大，而且马铃薯还比较硬的情况下，彻底去除发芽和青色部位后，充分加热或用醋烹制可破坏龙葵碱，食用起来不会有什么问题。但如果马铃薯发芽明显、变青比较严重，或者马铃薯已经变软，则不能再食用了。

由于马铃薯中含有一种叫作天冬酰胺的氨基酸，当它和还原性糖（如马铃薯中大量的淀粉转化而成的葡萄糖和果糖）共同加热的情况下（比如炸薯条），就会发生美拉德反应，产生丙烯酰胺，丙烯酰胺是潜在的致癌物质，所以育种专家会想方设法地减少马铃薯中所含的天冬酰胺。2014年，美国批准种植了一种遗传工程技术改造的马铃薯，该品种大幅减少了天冬酰胺的含量，同时降低擦伤带来的变色效果。2015年，该品种又推出了第二代，第二代不但继承了第一代的优点，而且在抗晚疫病和低温储存能力方面也得到了大大增强。

你不吃土豆，可能也摆脱不了马铃薯淀粉

最后来说说马铃薯淀粉。马铃薯经过洗涤、磨碎、筛分、分离蛋白质、清洗、脱水和干燥等工序，可以得到马铃薯淀粉。注意：一般的马铃薯粉和马铃薯淀粉可不是一种东西，我们在快餐店里吃的土豆泥就是用马铃薯粉做的。

马铃薯淀粉

马铃薯淀粉在19世纪70年代开始规模化生产。目前,全球年产量约600万吨,其中我国年产量约80万吨。较玉米淀粉、红薯淀粉、木薯淀粉而言,马铃薯淀粉具有粒径大、黏性大、糊化温度低、吸水力强等特点,在食品领域得到了广泛应用。

因其良好的透明度和较强的持水作用,马铃薯淀粉与明胶能很好地配合,制成的明胶糖果口感良好、有弹性。

在制作面食时,马铃薯淀粉颜色洁白,能有效改善面团的色泽,同时能显著地提高面团的弹性和筋韧度,制作的面条和粉丝等产品不易断条。

在制作肉制品时,马铃薯淀粉糊化后的透明度非常高,可使肉制品的肉色鲜亮,减少亚硝酸盐和色素的使用量,同时明显改善产品的保水性。

此外,马铃薯淀粉在工业领域也发挥着不可忽视的作用。

目前,作为世界第四大粮食作物的马铃薯依旧以其价格低廉、便于种植等优势在抗饥饿和抗贫困中发挥着巨大的作用。为了提高公众意识、发掘马铃薯的潜力,纽约联合国总部还举行了特别的仪式,正式宣布2008年为"国际土豆年"。联合国粮农组织介绍说,"国际土豆年"就是要让人们对马铃薯以及整个农业生产引起高度重视,以助于解决饥饿、贫困和环境威胁等全球性问题。

德国发行的2008国际土豆年纪念邮票

作者:王红霞 罗数 张鹏 章文峻(中国科学院上海生命科学研究院植物生理生态研究所 中国科学院上海分院)

科学在身边

4 "无花果"真的无花吗

◦ 无花果

新疆塔里木盆地素有"中国瓜果之乡"之称，独特的地理环境使这里的瓜果品种繁多、品质优良，一年四季干鲜瓜果不绝于市。每年夏季，这里有一种果实格外引人注意。由于人们只见其结果，不见其开花，故名"无花果"。

我们不禁要问：无花果的花去哪了？

实际上，无花果自个儿可是"心知肚明"。

无花果属于桑科植物榕属无花果亚属，约有 300 余种。无花果适应温暖湿润的海洋性气候，对生长温度要求较为严格。地中海沿岸便是无花果树的发源地。在许多热带森林里，无花果是鸟类和哺乳动物的重要食物。

寄生式授粉

无花果肉质软糯、甘甜可口，不仅是各种鸟类和哺乳动物的最爱，也挑逗着人类的味蕾。作家陈志岁这样描写无花果："惯不示人花样子，但将果实现人间。"

实际上无花果并非无花。无花果树的花序肉质膨大，下凹成中空的球状体，其凹陷的内壁上生着许多无梗的单性小花，植物学上称为"隐头花序"，从而形成无花果树特有的花托。

● 无花果植株和果实

剖开无花果，我们可以看到形态不一的小花。根据品种的不同，花托内各种性别的花（雌花、雄花、无性花）组合有所不同。

由于无花果特殊的"隐花果"结构，几乎所有昆虫都无法接近其内部的单性花。只有针尖大小的榕小蜂是能给无花果授粉的昆虫，它可以从无花果顶部的小孔钻入其内部。无花果顶部的小孔就像一个锁眼，只有头部形状合适的榕小蜂才能顺利地打开这把锁。所以，每个无花果都对应有独特的寄生蜂。

这段关系可以追溯到大约六千万年前。无花果的祖先最初借助风力传粉，蓦然间，一只微小的黄蜂——榕小蜂在无意中爬进了无花果，开始为其授粉，从此开启了"无花果—榕小蜂"共同演化的时代。

不过，即使是上千万年进化出的步调合拍的伙伴，雌性榕小蜂钻入无花果时也是使尽了浑身解数，甚至不惜折断翅膀。

钻入无花果内部的雌蜂会在里面产卵，顺便为雌花授粉。

不久，榕小蜂的幼虫在无花果中孵化、成熟、交配。在"夫妻"的合作下，没有翅膀的雄蜂开辟出离开的道路后便一命呜呼，紧随其后的雌蜂则纷纷飞出无花果，同时带走了花粉。

植物界的"驯虫师"

天下没有免费的午餐，想要得到授粉，就要付出一定的代价。大多数采用寄生式授粉的植物都承担着一定的风险。一方面，植物要提供一部分种子来喂养寄生虫的幼虫；另一方面，某些"作弊"的寄生虫会把卵产在已经授

粉并开始发育的果实上,这样一来宿主可就"亏本了"。

不过,无花果是个聪明的宿主。它进化出"无性花",专供榕小蜂产卵。产在无性花上的卵可以顺利孵化,产在雌花上的卵往往会死亡。这样一来,无花果就保证了自己种子的完好无损。

无性花会过多地占据花托的空间,不利于雌花的生长,影响种子的产量。所以,无花果会严格地控制无性花的数量。

"驯虫师"指挥着榕小蜂,决定其在哪产卵、产多少卵,把生杀大权掌握在自己手中,而不受"房客"的左右。所以,与其称无花果为"驯虫师",不如叫它"黑心的包租婆"。

每一颗无花果中,都藏着一只黄蜂吗

人类栽培无花果已经有近5000年的历史了。地中海沿岸是无花果的发源地,在当地,无花果被称为"圣果"。我国在唐代时开始引入无花果,新中国成立后曾成规模地引进、栽培无花果。目前,好吃又有营养的无花果,在市场上常常供不应求。

咬一口无花果,却不见授粉蜂的影子。实际上,目前栽培最广泛的普通无花果类型,不需授粉即可结出甜美的果实。所以,尽管放心享受甘甜可口的无花果吧!

作者:颜飞(中国科学院青岛生物能源与过程研究所)

第一部分 植物大搜索

5. 你敢吃"树蝴蝶"——肺衣吗

或许你吃过天上飞的、地上跑的、水里游的,但是,下面这种貌似外星人眼睛的东西你吃过吗?你敢吃吗?

长得这么清新脱俗(王立松摄)

这就是可食用的地衣之———肺衣。在野外,它的地衣体如一只只花蝴蝶栖息在树枝上,所以人们习惯称之为"树蝴蝶"。

肺衣的食用价值

肺衣经常出现在一些饭店的菜谱上，在云南大理、丽江等少数民族聚居地区尤其受欢迎。当地人从山林里采集来，常常做成凉拌菜食用。试想，斟一杯小酒，再来一口脆爽的肺衣当作下酒菜，倘若身处依山傍水的环境里，该是何等的惬意啊！

好吃但不贪吃，不负卿也不负这美食（王立松摄）

那么，"树蝴蝶"身上长的红棕色盘状、如外星人眼睛的东西究竟为何物呢？那就是它的繁殖体——子囊果，只有年龄达到25年的个体才会有。所以，在野外采集时，手一抓一大把，抓走的可是几十年的光阴啊！子囊果里含有很多子囊，而孢子就从子囊中传播出来进行繁殖。肺衣之所以备受吃货们的欢迎，一方面是因为其口感很好，另外一个重要的原因是它有药用保健价值。肺衣的形状与肺相似，古人认为"以形补形"，所以认为它可以治疗肺部疾病，由此得名。

肺衣的药用价值和其他用途

在中医里，肺衣的地衣体被称为"老龙皮"，能消食健脾、利水消肿、祛风止痒，主治消化不良、小儿疳积、腹胀水肿、皮肤瘙痒、烫伤、无名肿毒。在当下，它仍被用于治疗哮喘、小便失禁和食欲缺乏症。

肺衣的提取物被证实有消炎和预防溃疡的活性。在印度，它是治疗出血和湿疹的传统药材；在意大利中南部，它被涂在伤口上用作抗菌剂。

除了上述这些用途之外，肺衣还被用于皮革鞣制、香水制造，此外还可

第一部分 植物大搜索

肺衣很好辨认，翻个身，秒变"青蛙皮"（王立松摄）

作为羊毛染料和酿酒原料。

肺衣的生存状况

肺衣的利用价值很高，但是它对空气污染很敏感，对生长环境的要求很高，生长也很缓慢。

人类在向自然无限索取的同时，虽然一直在追寻理想中的人与自然的平衡点，但事实是，自然一直处于透支的状态。

如今，森林环境的退化和栖息地的丧失，对肺衣造成了致命威胁，它的数量已经严重下降，在许多地区已处于濒危状态。如果不对森林环境的破坏加以控制并采取对环境的保护措施，也许有一天它的美味就只能留在我们的回忆里了。

看到这里，是不是已经蠢蠢欲动，想尝试美味的肺衣了呢？别急，除了肺衣以外，可以食用的地衣还有很多，下面就简单地介绍几种。

可食用地衣

雪茶

在云南的雪山之巅,生长着一种神秘的"茶",它只在高寒山区生长,虽名为"茶",实非茶树,也不能人工栽培,它有一个美丽的名字叫"雪茶",它具有清热、消炎、降压、降脂的功效。

野外生长的雪茶和泡制的雪茶 (王立松 王欣宇摄)

雪茶分为两类:一类颜色雪白、形似空心的草芽,被称为白雪茶或雪茶;另一类颜色艳黄、长枝条状,被称为红雪茶。它们都不是植物,而是由藻类与真菌互惠共生形成的地衣,也被称作地衣型真菌,属于真菌界子囊菌门。

这些美丽的雪茶生长在高海拔的寒冷山区,虽然采摘起来非常不易,但是食用却非常简单,只需将采到的地衣体除去杂质并清洗晾干,便可用来泡制茶汤。

石耳

"日夕山童归,倾筐洗石耳。"这里的"石耳"在唐、宋便有记载可以食用,如今更是作为药用保健品,被大量收购加工。那么,石耳究竟是什么呢?

石耳属品种全世界已知约 70 种,我国约有 31 种。其中,美味石耳为最经常被利用的一种,分布于我国吉林、黑龙江、辽宁、湖北、江西、安徽、浙江、湖南、广西和云南,多生长于海拔 1000～2500 米的岩石表面,韩国和日本也有分布。

用美味石耳做出的肉片汤和炒肉片可是著名的国宴菜肴。研究表明，其含有的水溶性地衣多糖具有较高的抗癌活性。

🌢 石头里"蹦跶"出来的美味石耳（王立松摄）

作者：杨美霞（中国科学院昆明植物所）

6 植物上那些黄黄绿绿、没根没叶的丝状物是什么

▲ 缠绕在花枝上的长长的丝状物

在公园或野外，你可能曾见过这样的藤状植物，它们呈橘黄色或者淡绿色，缠绕在其他植物上，自己本身没有根也没有叶。你有没有好奇过它们究竟是什么，又是如何"凭空"出现的？

原来，它们叫作菟丝子，也被称为黄丝藤、金钱草和无根草，是一种非常常见的寄生植物。这些寄生植物大约占被子植物的1%，全球现存共有4000多种。

菟丝子属于旋花科菟丝子属，有170～200个种，主要分布于亚热带区域。菟丝子无根也无叶，只有依靠其他植物才能够生存下来，是一种典型的寄生植物。大多数菟丝子的茎是淡绿色或者淡黄色的，也会因寄主差异颜色略有不同。

菟丝子的"觅食"范围很广，有100多种寄主，分布于多个科，如豆科、菊科、禾本科、茄科、蓼科等。

但是，菟丝子对不同寄主的喜好程度不同，如果遇到合适的寄主，它们就会疯狂地生长，从寄主身上获取大量的营养。这样，寄主就遭殃了，有的长得很慢，有的长得很小，有的干脆就因被菟丝子寄生而死。

例如，在我国南方，菟丝子寄生在大豆和番茄上就长得异常茂盛，在生长旺盛期，每天能增长五六厘米。

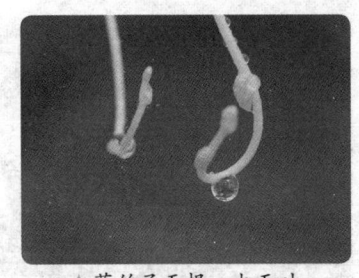
菟丝子无根，也无叶

不同的菟丝子入侵性也不一样，较南方菟丝子而言，生活在北美的五角菟丝子的寄生性更强。

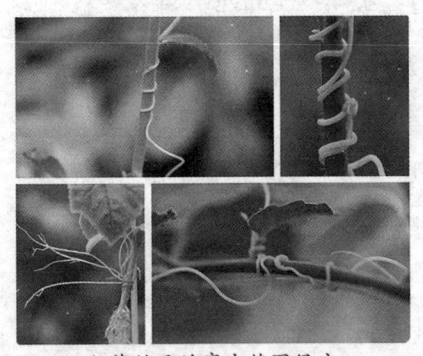
菟丝子的寄生范围很广

菟丝子的寄生会造成作物减产，尤其是在亚热带地区和地中海地区影响最为严重，此外，北美和中欧也有菟丝子泛滥的报道。

菟丝子造成寄主产量下降的原因包括两个方面：一是菟丝子通过吸器，深入寄主的木质部或者韧皮部，获取生长所需的一切营养；二是菟丝子缠绕在寄主叶片上，影响其光合作用。

菟丝子这么厉害，它是怎么实现寄生的呢？

这就不得不说说它的神奇武器——吸器。一棵菟丝子最多能有数万粒种子，不过种子数量虽多，个头却很小，近几十颗种子才有米粒一般大小。但是，菟丝子的种子有一层厚厚的防护套，在自然条件下，菟丝子种子

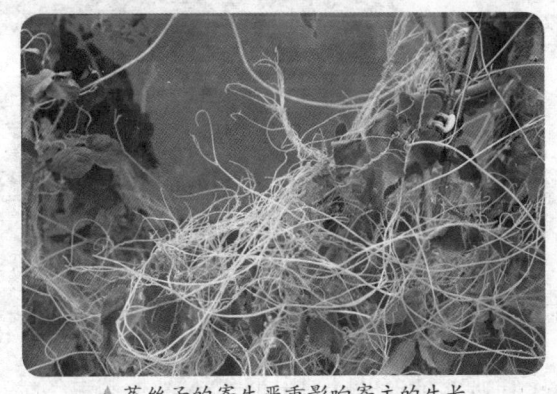
菟丝子的寄生严重影响寄主的生长

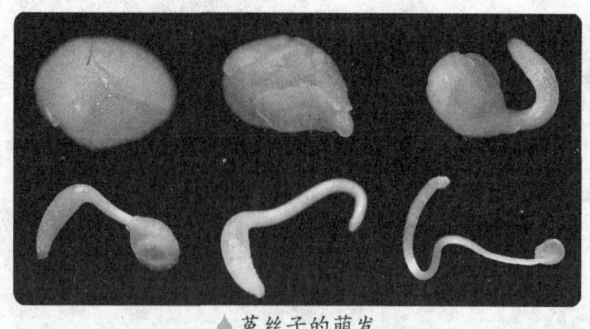
▲ 菟丝子的萌发

遇到合适的条件就会吸水、肿胀、萌发，冲破种皮，长出脆嫩的芽儿，似乎非常容易生长。不过，在实验条件下观察过就会知道，菟丝子要萌发可不是一件容易的事儿。科学家将种子放到强腐蚀性的浓硫酸中，半个小时后，种皮才去除。

萌发后，菟丝子幼苗就慢慢地旋转寻找寄主，如果没有机会接触到寄主，幼苗在几天后就死去了。而那些幸运儿接触到寄主后，与寄主接触的部位就出现细胞分化，螺旋缠绕到寄主的茎或者叶柄上，接触到寄主部位的表皮细胞细胞质增多，发育成初始的吸器，这些吸器通过机械挤压和酶解过程穿透寄主细胞，深入皮质层，形成搜寻丝，深入到寄主的韧皮部或者木质部，最后形成种间胞间连丝，连接了菟丝子和寄主，并很快成为成熟吸器。

这样，吸器就形成菟丝子和寄主间的"营养通道"，菟丝子从寄主那里获取所有生长需要的物质，比如糖类、蛋白质、无机盐和水等。

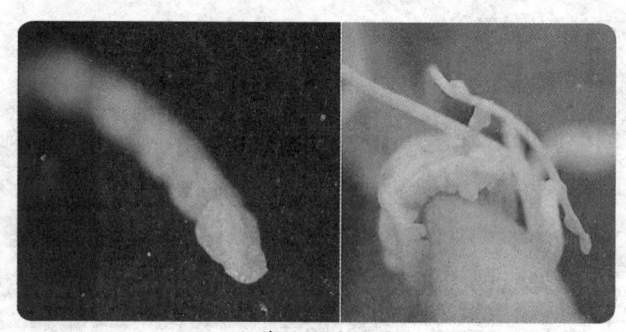
▲ 菟丝子的吸器

除了水和营养，菟丝子也会从寄主这里转移编码蛋白质的mRNA（信使RNA）和非编码蛋白质的起到调控作用的小RNA。基于这些发现，有科学家在研究是否可以利用小RNA来抑制菟丝子重要基因的表达，从而防控菟丝子，减少其对作物的危害。

另外，菟丝子还从寄主身上转运次生代谢产物。比如，寄生于不同寄主的日本菟丝子，体内的次生物质含量差异显著。与其他松醇含量较少或者不含松醇的寄主相比，菟丝子寄生在松醇含量丰富的寄主——葛根上，就含有更多的松醇。

除此之外，菟丝子也能够转运病原菌，比如病毒、类病毒。

这样看来，事物总是有两面性的，吸器是菟丝子窃取寄主营养和水分的重要途径，但是有害的病原菌也会随着这个通道运输到菟丝子中。

菟丝子作为寄生植物，与寄主有着极其密切的关系。随着技术手段的不断提高，这种奇特的寄生植物与寄主间的相互作用机制，也正在被科学家们从进化、生理生态和遗传等多方面逐渐揭开，相信在不久的将来，科学家们能够利用这种关系更好地防治寄生植物，造福人类。

作者：张井雄　吴建强（中国科学院昆明植物研究所）

7. 谁叫我身手不凡——意大利苍耳的"自白"

我叫意大利苍耳,中国的生态学家们管我叫"外来入侵植物",这也意味着我的出生地不在中国,而且已经在中国造成了一定的危害。

现在我要向人们道歉,把我的秘密都说出来。

为什么我会来到中国

意大利苍耳带有钩刺的果实

实际上,我的老家在美洲,我原本打算老老实实地待在家里,可是谁知道却漂洋过海来到遥远而陌生的中国。

据专家们推测,因为我的种子有尖锐的钩刺,可以黏附在牛、羊等动物身上,或混迹于粮食、饲料等农牧产品中,因此我可能是通过国际贸易来到中国的。

根据现有文献记载,在中国,人们第一次发现我是在1991年的北京昌平。

因为我结果量大,生长迅速,经过二十几年的发展,我的子孙后代逐渐扩散到辽宁、山东、广东、河北、新疆等地。

这些年来，我疯狂地生长繁殖，成功地排挤掉了多种本土植物，常常形成大面积的纯植丛，使当地生态系统的物种多样性显著降低，生态学家们对此非常头疼。

意大利苍耳在新疆伊犁入侵庄稼地

我还常常不请自来，侵入玉米、大豆等庄稼地里，汲取本应属于农作物的营养，大肆生长。我的个头能窜到两米多，庄稼常因此减产 50% 以上。

"我"的厉害之处

由于我对环境带来的危害较为严重且防控困难，2007 年我被列入《中华人民共和国进境植物检疫性有害生物名录》，我也算是出名了。

因为我的抗逆性强，既耐贫瘠，又耐干旱，科学家们预测，除去西藏、青海等地不是我的适生区，其他地区都有可能成为我的地盘。想到要霸占中国，我就忍不住偷笑。

不过，你不要以为所有的外来植物都像我一样厉害。

生态学家们总结出一个"十一定律"，就是说只有十分之一的外来植物能在异地存活下来，能像我这样活得风生水起的种类其实并不多。这当然是因为我有入侵的秘密法宝。

对于外来植物为什么能够在较短的时间内迅速占据生态优势，科学家们提出了很多假说，比如天敌逃逸假说、繁殖压力假说、氮分配进化假说等。

其中有一种"新武器假说"，认为像我这样的外来植物缺乏和入侵地植物共同进化的历史，可以产生使本土植物更加敏感、难以适应的化感物质（通俗地讲，就是能让植物相生相克的物质），从而影响它们的生长，并使自身占据优势。

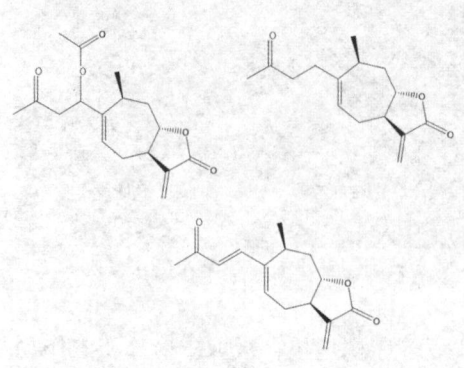

意大利苍耳产生的主要化感物质

这一概念后来也扩展到化感物质对入侵地土壤微生物产生影响的范畴。那么你来猜猜看，我的入侵法宝里，除了前面提到过的果实带钩刺、结果量大、抗逆性强、生长迅速之外，有没有什么"新武器"呢？

其实，对于我的入侵机理，中国科学院干旱区生物地理与生物资源重点实验室邵华博士的研究团队已经进行了长期的研究。

他们发现，我产生的主要化感物质是苍耳亭、黄质宁、苍耳皂素之类的苍耳内酯类化合物，这些化合物本地苍耳也能大量产生，所以说，我来到中国，根本没有携带什么神秘的"新武器"。

虽然我并不想把我入侵的秘密法宝全都告诉你，不过我感觉中国科学院新疆生态与地理研究所的生态学家们已经发现了一些端倪。

例如，他们发现，由于我

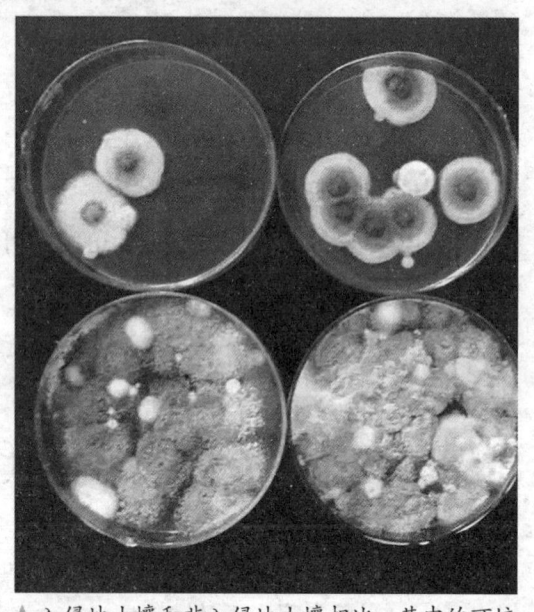

入侵地土壤和非入侵地土壤相比，其中的可培养真菌的种类和数量发生了显著变化（上为非入侵地土壤真菌，下为入侵地土壤真菌）

的入侵，土壤的养分状况、土壤酶活性等发生了显著的变化，而且土壤微生物的种类、数量和入侵之前的情况也完全不同了，比如，可培养真菌的数量大幅度增加。

难道"我"就没有一点优点吗

在过去的二十几年里，我的表现也许过于猖獗，早就有人想动手收拾我了。

人们发现，在我个头很小的时候，常用的对付双子叶杂草的除草剂，如2,4- 二氯苯氧乙酸、百草枯等对我还是管用的。可是说到化学除草剂，大家就不得不考虑到其对环境的危害，不能为了解决我这个危害环境的祸害，又带来新的问题。

不过呢，科学家们自有高招，他们在野外我的病株上搜集致病真菌，目前正在着手研究用这些真菌来对付我，还说这种生物防治的方法更加安全，看来我以后的日子不太好过了！

不过话说回来，难道我们真的只有害处，没有用处吗？才不是，其实我很想提醒人类，是不是应该换个角度看待我们这些入侵植物？

毫不夸张地说，我全身都是宝。

我的果实化学成分和苍耳类似，可以用来治疗鼻炎。

我的种子含油量较高，而且富含亚麻酸，能够吸附铅等重金属，可以用来治理工业污染土壤。

我能够抗干旱、耐贫瘠，对环境有极强的适应性，可以用来保持水土和防治土壤沙化。

我能够产生大量的苍耳内酯类化合物，这类化合物不仅可以抑制癌细胞生长，还具有显著的抑制杂草生长的活性，有极大的开发前景。

我的提取物能够杀火蚜虫、菜青虫、红蜘蛛等害虫，可以开发为植物源

杀虫剂。

所以,别看我现在是"过街老鼠,人人喊打",在未来的日子里,说不定农民伯伯们争着抢着要种我呢!

希望大家能够理性地看待我,虽然我有很多过错,但是多加利用,我也能够给人们的生活带来无尽的好处。

作者:邵华(中国科学院新疆生态与地理研究所)

第二部分

动物新探秘

● 第二部分　动物新探秘

连蛋都在告诉你，想瘦就要多运动

"3月不减肥，4月徒伤悲"，又要到"脱衣露肉"的季节了。不过，一个慵懒的冬季过后，你的体型是否像下图中的一号蛋？

别以为成为懒惰的胖子只是你自己的事，说不定还关系到后代呢！最新的鸟类研究告诉你，多运动的鸟，下的蛋更苗条！

● 你想成为哪一类人

越能飞，蛋就越苗条

最近发表于《自然》杂志上的一篇文章认为，鸟类的飞行能力决定了鸟蛋的形状。研究团队分析了大约 1400 种鸟类的近 50000 个鸟蛋的形状，随后比较了不同鸟类谱系中的鸟蛋形状，考虑了鸟类的进食习惯、巢穴地点、体型大小及飞行能力等。

分析结果显示：鸟蛋的形状不受鸟类的进食习惯或筑巢特征等影响。相反，鸟蛋的形状似乎与鸟类的飞行能力有关，飞行能力较强的雨燕等鸟类，会产下更尖或更细长的蛋。

海鸠 因其外形与鸽子极其相似，有时也被称为海鸽。它生活于太平洋、大西洋北部，善潜水捕鱼，是公认的游泳健将。有些海鸠，如厚喙海鸠，能够潜入 210 米深的海水之中，其最大速度可达 1.98 米/秒。其产下的蛋就像不倒翁，这种洋梨形的蛋不仅与其运动能力有关，还与环境挂钩。海鸠一般不筑巢，而是直接将蛋产在光滑的悬崖上，洋梨形蛋的外形动力学结构使之滚动时不会沿直线滚走，而是紧绕着环形滚动。

△ 海鸠与洋梨形的海鸠蛋

双领鸻 是一种中小型涉禽，栖息于海滨、岛屿、河滩、湖泊、池塘、沼泽、水田、盐湖等杂石较多的湿地。因为要躲避大雪，每年都会迁徙，春天早于大多数鸣禽返回繁殖地，一般不筑巢，而是在地面上挖浅坑为巢，巢内垫上石块。因为它们要适应长途飞行，所以三级飞羽特别长，具有极强的飞行能力。它们产下的蛋带有褐色斑点花纹，呈圆锥形，在乱石中很难被发现，捕食

△ 这只双领鸻正在谨慎地保护着身下的蛋

者路过也会误以为这是一堆乱石,从而为双领鸻的繁殖提供了掩护。而圆锥形的蛋可以使其不易滚动,从而避免了被石头撞碎的危险。

游隼 栖息于山地、丘陵、荒漠、半荒漠、海岸、旷野、草原、河流、沼泽与湖泊沿岸地带,也到开阔的农田、耕地和村屯附近活动。平时飞行并不快,速度只有 50~100 千米/时,但它是俯冲最快的鸟类,俯冲速度最快可达 460 千米/时。在结束俯冲时,游隼身体所承受的压力可达其自身重力的 25 倍,这是已知大型动物中能承受压力的最大值。它的蛋也是圆锥形的。

游隼与沙堆上的游隼

越懒惰,蛋就越笨重

那么,越是懒惰的鸟儿,产的蛋就越肥圆吗?

是的!我们熟知的鸡、鸭,就是典型的"懒蛋"。

家鸡源于野生的原鸡,其驯化历史至少有 4000 年,家鸭也是由野鸭驯化而来的,人类为这些家禽提供了优越的生活环境。优越的环境让它们慢慢丧失了飞行能力,最后竟懒得连窝都不做一个了。这些懒鸟们下的蛋都是椭球形的。不过完全球形的鸡蛋极为罕见,出现的概率只有 10 亿分之一,凤凰网就曾报道过产下球形鸡蛋的母鸡。

鸡与鸡蛋

变瘦的秘诀，鸟儿都告诉你了

鸟儿为什么会产生这么多种形状的蛋呢？这与产蛋过程以及鸟类骨盆的发育有关。

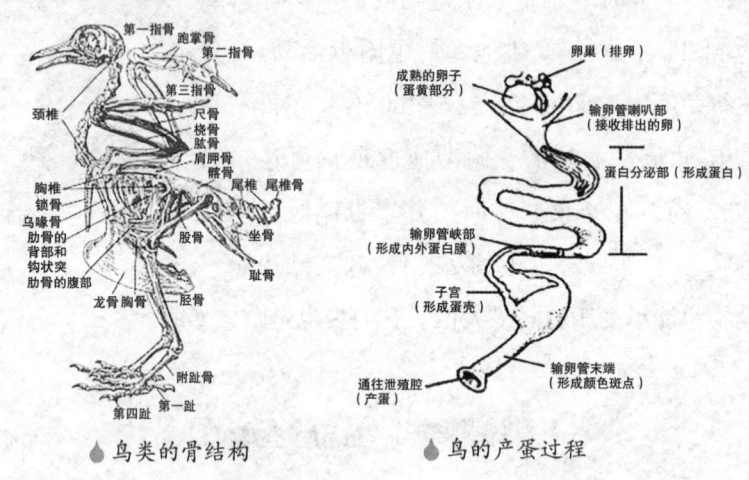

▲ 鸟类的骨结构　　　　▲ 鸟的产蛋过程

鸟类成熟的卵泡进入输卵管后，输卵管分泌的蛋白（即蛋清）将卵黄包住，然后逐渐下行，形成内外壳膜，最后到达子宫部，子宫部是蛋壳形成的地方。在蛋壳形成的过程中，蛋壳由软变硬，而这个从软到硬的过程决定了蛋的形状。鸟类为了提高飞行效率，必须保持流线型的身体，骨盆就会变得狭长且窄，如果骨盆狭窄，那么蛋壳就会形成长而尖的形状；如果骨盆短且宽，产下的蛋就会呈椭球形。所以飞行能力强的鸟类，为了流线型的身体，骨盆大多狭窄，它们的蛋大都倾向于长或尖，形成洋梨形或圆锥形。而开放式的骨盆解释了为什么一般的蛋都是一头大、一头小。

开放式骨盆：为鸟类特有的结构，指腰带（髂骨、坐骨和耻骨）的左右坐骨和耻骨不在腹中线处愈合，而是左右分开，并向侧后方伸展，这样的骨盆称为开放式骨盆。

在一定程度上，我们可以理解为，越会飞的鸟下的蛋就越长越尖；越懒惰的鸟产的蛋就会越肥越圆。这是不是大自然给我们的启示呢?

最后,大家来猜猜看,企鹅蛋是什么形状,会是下面哪幅图呢?

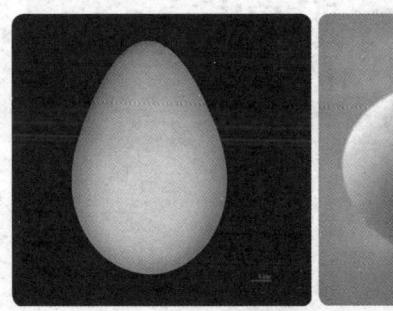

企鹅蛋是它?还是它?

如果你以为可爱的企鹅不会飞,因此产下的蛋是椭球形的,那你就大错特错了。别看萌萌的企鹅走起路来摇摇晃晃,它可是游泳能手!在水里,企鹅那对短小的翅膀成了一双强有力的"划桨",游速可达25～30千米/时,一天可游160千米,是名副其实的运动健将!

作者:谌星(中国科学院亚热带农业生态研究所)

9. 萤火虫科学观赏指南：别让浪漫带上残忍的光环

西双版纳植物园里百花园的萤火虫（孙晓东摄）

夏季是观赏萤火虫的最佳季节。你上一次看到萤火虫是什么时候？在哪里？

是的，萤火虫离都市生活越来越远了。由于水体的污染、人工光源的干扰、萤火虫栖息地的丧失，生活在都市里的人们看到萤火虫的机会越来越少，由此催生了一种畸形的消费——看商业性的"放飞萤火虫"或者萤火虫展览。然而，人类追求的这个浪漫，却是以萤火虫牺牲生命为代价的。

如何科学地欣赏萤火虫呢？读完这篇文章，相信你会有一个新的认识。

萤火虫能活多久

位于云南西双版纳的中国科学院西双版纳热带植物园里，从 2 月到 12 月，一直能看到萤火虫的身影，不过萤火虫最多的时候，还是在 5 月、6 月间。若在日落时分，漫步在植物园里的百花园，眼前往往会出现如上面图片中的景象。

那么，有人可能要问了，萤火虫究竟能活多久呢？

要回答这个问题，首先要分清楚这句话里的"活"到底是什么意思。

● 西双版纳植物园最常见的萤火虫之一——边褐端黑萤（赵江波摄）

通常来说，萤火虫完成"卵—幼虫—蛹—成虫"生命周期的时间是一年左右。但根据种类的不同，其生命周期的长短也有差异，有的种类的萤火虫能够活两年之久。然而，很多人说的"活"，其实是指萤火虫的发光阶段，即成虫阶段。萤火虫成虫阶段的寿命就很短了，通常为一两周，但也有个别种类可以是一个月。

萤火虫吃什么

这个问题也要分开来回答，幼虫阶段的萤火虫和成虫差别极大。

● 正在吸食蜗牛的萤火虫幼虫（赵江波摄）

萤火虫的幼虫是一种非常凶猛的生物，长相也颇为特别。它们往往吸食蜗牛、蛞蝓、螺类以及其他小型昆虫。幼虫寻得猎物后，首先透过中空的镰刀状的大颚，将麻醉物质注入猎物体内，待猎物被麻醉后，注入含有消化酶的物质，使猎物的组织变成肉糜状，再进行吸食。

幼虫一旦羽化成虫，则成了小可爱，只吸食少量花蜜、花粉或是露水，只有少部分的种类会吃昆虫。成虫的主要精力都放在求偶、繁殖后代上了。

萤火虫为什么要发光

发光是雌雄萤火虫之间交流的信号，主要用来求偶。也有研究证明，某些萤火虫的发光具有警示捕食者的作用。不同种类的萤火虫的发光模式是不一样的，也有不发光的萤火虫。

萤火虫的光来自一种叫荧光素的物质，最让人津津乐道的是它们极高的发光效率。

西双版纳植物园正在开花的疣柄魔芋，周围飞翔着萤火虫（朱仁斌摄）

萤火虫发光用到的能量中，有95%以上的能量都以光能的形式释放出来，所以当萤火虫停在我们的手上时，我们不会被萤火虫的光给烫到，这种光又被称为"冷光"。而人类制造的白炽灯泡发光时，大部分能量都以热能形式浪费掉了。所以研究出萤火虫的发光机理，一直是科学家们孜孜以求的目标。

找"女朋友"需要集体的力量

长久以来，人们发现有些萤火虫会成群地同时发光，场景蔚为壮观。美国、泰国、马来西亚等地都有这个现象。

来自美国康涅狄格大学的学者通过实验对这一现象进行了研究，他们在大烟山国家公园捕捉了一批萤火虫的雌虫，然后通过LED灯模仿这种萤火虫雄虫的发光频率进行发光。

结果发现，如果他们让很多LED灯同时发光的话，80%的雌虫都会做出回应；而一旦他们打乱这些LED灯的发光次序，只有不到10%的雌虫会对这种模拟光做出回应。科学家由此判断，当太多的雄虫在发光的时候，会对雌虫造成困扰,它们会分不清哪个是和自己属于同一种的萤火虫。加上雄虫边飞边发光,更让雌虫难定位,搞不清雄虫具体在哪里。所以,有些萤火虫进化出了奇特的能力,雄虫通过集体的力量同时发光,可以方便和自己同种的雌虫找到"意中人"。

在西双版纳植物园内,通过长时间曝光拍摄到的萤火虫画面(张娇娇摄)

在世界上2000多种萤火虫中,约有1%的萤火虫拥有这种神奇的魔力。

做"家庭妇女"好像真的有危险

夫妻两个到底是同时工作好,还是一人工作、一人全职带孩子比较好?这个问题是当今社会人类面临的一个难题,两种选择都存在一定的益处和弊端。不过你可能不知道的是,有些萤火虫也面临同样的困境。

由于萤火虫的成虫时期基本只少量进食,所以雄虫会给配偶准备精囊(精子包裹在富含高蛋白的囊中),这样就能给雌虫带来更多的营养,使其产生更多的后代。

然而,在长期的进化过程中,有些萤火虫的雌虫是没有翅膀的。研究者认为,没有翅膀的雌虫是为了更好地繁殖后代。因为无须耗费体力去飞行,只需一心一意生产后代即可。不过诡异的是,在这种情况下,雄虫会觉得,既然雌虫已经储存了足够的能量去生产后代,那么就不要浪费宝贵的精囊了。

美国塔夫茨大学的学者研究了32种不同的萤火虫,发现萤火虫在交配时,没有翅膀的雌虫从雄虫那里得到的往往只有精子,没有外面那层富含蛋

白质的精囊。

对萤火虫展览说"不"

你在一场所谓的"放飞萤火虫"展览中看到的每一只活体,背后可能都有十几只死亡的个体。

上文说到,萤火虫成虫的寿命只有两周左右的时间。萤火虫从野外被捕捉、运输,送到城市的展览场地,再到放飞的时候,基本上就已经到了生命的最后时刻。更何况在这过程中,还会有大量的萤火虫意外死亡。

西双版纳的萤火虫,也因为萤火虫商业展览的需求面临着危机。一到萤火虫的繁殖季节,就会有人来到西双版纳以低廉的价格收购萤火虫,引发当地民众对萤火虫的大规模捕捉。

可是,萤火虫发光本来并不是为了给人类欣赏,而是它们千百年来进化的结果,是生存的需要。人类用这种"欣赏"的方式来提前终结它们的生命,终结它们繁殖的旅程,这种情境下制造的"浪漫""永恒""精彩"或者"体验",是多么的虚伪!

可能有人会说,萤火虫不是国家保护动物,所以捕捉、贩卖萤火虫并不违法,不好管理。可是,我们珍爱一个物种的原因,并不是因为它被列入的保护级别,而是因为它的生命之美。大自然经过漫长的岁月,进化出如此神奇的物种,本来就值得我们珍视。

作者:王西敏(中国科学院西双版纳热带植物园)

10 同样是水陆两栖，为什么青蛙是两栖动物而鳄鱼是爬行动物

两栖动物与爬行动物确实是不易分辨的两类动物，很多人面对这些问题的时候会经常发憷。从生物演化的角度来说，爬行动物比两栖动物更晚出现在地球上，并产生了更多陆生适应性演化特征。那么它们之间到底有哪些区别呢？下面我们为大家一一解读。

"装甲"皮肤

▲ 外观相近的斑点钝口螈（两栖动物，左图）与钝尾毒蜥（爬行动物，右图）

左边的斑点钝口螈的皮肤滑溜溜、湿哒哒，而右边的钝尾毒蜥却披上了一副"轻型装甲"——鳞片，这就是两者外观上最直接的区别。

对于人而言，皮肤湿哒哒的，我们会感觉很难受，但对于两栖动物来说，时刻保持皮肤湿润却是用来"保命"的。因为两栖动物肺的呼吸能力不强，它需要一层潮湿的、皮下毛细血管分布密集的皮肤来辅助呼吸，有些水生两栖动物几乎完全靠皮肤呼吸，以获取氧气。

相比两栖动物，爬行动物的皮肤就干爽多了。它们往往披上了一层"装甲"，比如蛇、蜥蜴、鳄鱼表面的角质鳞片，是轻型装甲，又比如乌龟的龟壳是重型装甲。

有了这层"装甲"，爬行动物就可以有效地防止水分蒸发，不管处在湿润还是干燥的环境，它们都能适应。这样，爬行动物才能真正成为适应陆地生活的陆生动物。

▲ 非洲马刺龟

此外，爬行动物皮肤中的色素细胞相对发达，在神经和内分泌系统的调节下可以迅速变色（如避役科的多种变色龙），可以保温或者形成保护色。

羊膜卵

如果要问爬行动物在动物演化史上最突出的里程碑是什么？非羊膜卵莫属。从爬行动物开始，动物身体内出现了"羊膜"这个结构，卵生动物的卵称为羊膜卵。

第二部分 动物新探秘

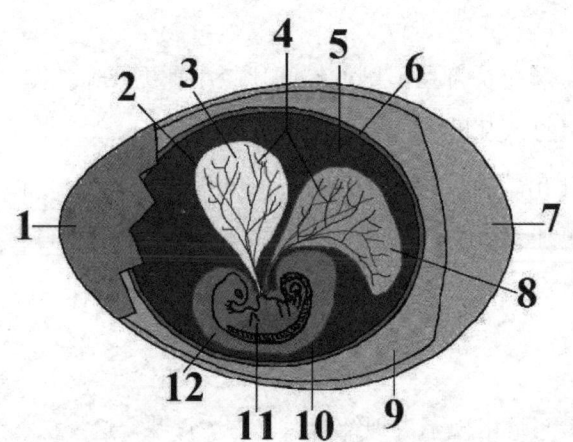

1.硬质外壳；2.卵黄膜；3.卵黄；4.毛细血管；5.蛋清；6.绒毛膜；7.角质层；8.尿囊；9.气室；10.羊膜；11.胚胎；12.羊水

相信大多数人都听过"羊水"这个词，羊水就是羊膜包裹着的、胚胎浸泡着的液体，它在胚胎的整个发育过程中浸着胚胎，给它提供水分，同时防止胚胎的机械损伤（如与外壳摩擦等）。

羊膜卵这种结构的出现使得爬行动物的生育完全离开了水环境，从此以后，"蛋"不需要泡在水中，胚胎就可以在羊水中生长发育，这给爬行动物向陆地纵深发展提供了极大便利。两栖动物虽然也能在一定时间内在陆地生活，但依然要在身体缺乏水分或需要交配产卵时返回水塘、湖泊等水环境，这限制了两栖动物向陆地发展的空间，它们被束缚在水环境的周围。

然而当羊膜这种结构出现以后，动物体内水分充足，爬行动物可以在离水环境较远的地方产卵。脱离了水环境对生活栖息地的限制，爬行动物获得了更加广阔的发展空间，过上了更加自由的生活。

恐龙称霸大陆，绝非偶然

次生腭

两栖动物的头骨宽而扁,整个头部留给脑的空间比较小。更要命的是,两栖动物的鼻腔和口腔是共用的,因此它们在吃东西时无法呼吸。

到了爬行动物,终于演化出了次生腭这一结构,它将鼻腔和口腔分隔,从此,爬行动物们可以咀嚼更加大型的食物,也不会影响呼吸,不用担心食物堵住鼻孔啦。

"点头"和"摇头"

从两栖动物开始,头骨最底端出现了一种结构,称为枕骨髁,这种结构的功能是将头骨固定在脊柱上。两栖动物有两个枕骨髁,以"掎角之势"卡在第一节脊椎骨中,两栖动物的头骨比较宽,因此它们很难摇头,只能点头。

爬行动物的枕骨髁只有一个,同样卡在第一节脊椎骨中,这种结构让爬行动物很难点头,但是如果没有鳞片和骨板挡住的话,它们的头能转动的角度很大,因此它们可以摇头。

🔵 青蛙只能点头

🔵 蛇可以摇头

心脏

心脏是脊椎动物的"发动机",鱼的心脏比较简单,有一个心耳(相当于高等动物的心房)和一个心室,心脏中流动的血液全部是静脉血;两栖动物的心脏演化出了两个心房，仍然只有一个心室，因此心脏跳动一次，心室朝肺和组织方向泵出的血液既有动脉血又有静脉血，我们把这种血液称为混合血。

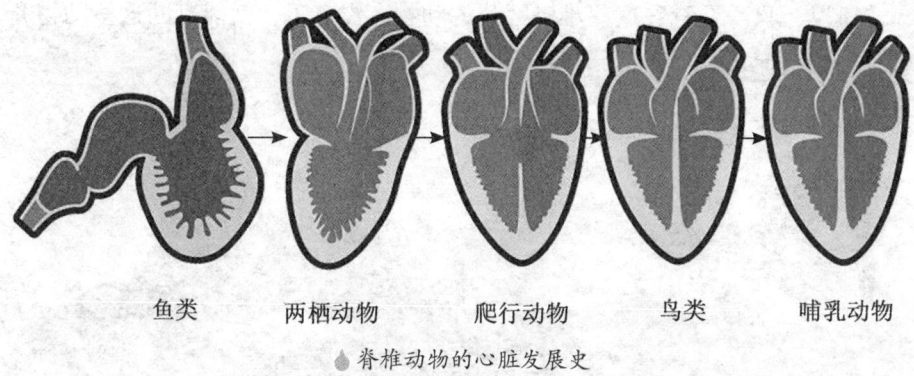

鱼类　　两栖动物　　爬行动物　　鸟类　　哺乳动物

脊椎动物的心脏发展史

从爬行动物开始，它们的心室就出现了不完全的分隔，流向肺的血液中更多的为完全的静脉血、流向组织的血液中更多的为动脉血，因而循环效率更高。这种不完全分隔现象在鳄类的心脏中发展到了极致，不完全的分隔只留下了一个小孔，这个孔称为"潘氏孔"。

从演化生物学角度来说，爬行动物的这种心脏结构演变是一种革新，但还称不上质变，毕竟这依然不能使它们和鸟类、哺乳动物一样成为恒温动物，也无法切实提高机体的基础代谢率。可以开玩笑地说，只要把这个潘氏孔堵上，脊椎动物演化中的一次飞跃就到来了，鳄鱼也能保持恒定的体温了。

鳄鱼

爪

说了这么多，最后教大家一个极其简单的区别方法：两栖动物的指或趾端是没有爪的，爪是从爬行动物才开始出现的。

所以，只需要看看这些难以区分的动物有没有爪，就能判断这些动物究竟是两栖类还是爬行类。

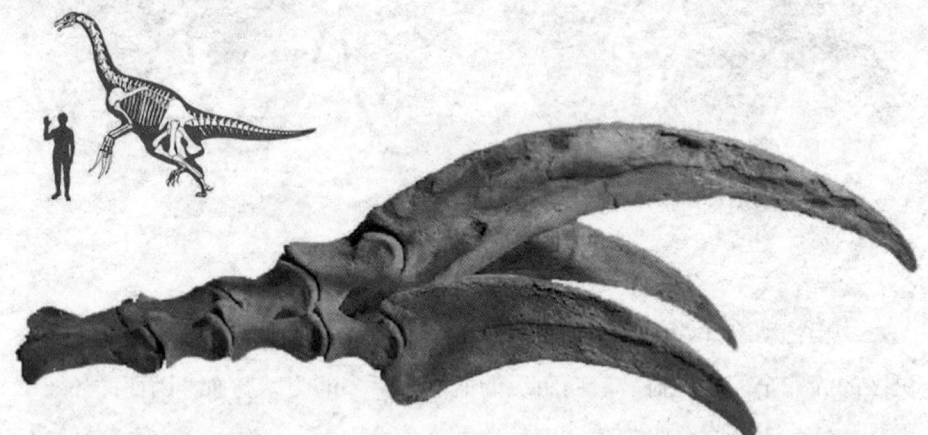

🔹 兽脚类恐龙前肢的大爪子化石。英国布里斯托大学的一项研究表明，兽脚类恐龙在从食肉动物向食草动物转变的过程中，演化出了各种各样的爪子形状，以适应挖掘、抓握或穿洞等特殊功能

区分两栖动物和爬行动物也许并不难，但我们更应该看到生命是如何克服重重困境、一步一步地适应环境的，生命的演化史真是一部波澜壮阔的史诗！

作者：黄伟烨　鲁超

第三部分

人体千百态

第三部分
人体千百态

● 第三部分 人体千百态

熬夜伤身、消夜长膘，生物钟原来如此强大

在生命科学领域学习、研究得越久，就越能感受到生命的无穷奥妙，纷繁复杂的生命过程能够被高度精确地调控，让人不得不抱着敬畏之心来面对自然和看待自身。昼夜节律的调控就是一个非常鲜活的例子。

生物的昼夜节律

地球上一昼夜是 24 小时，为了适应昼夜变化规律，所有在地球上生存的植物、动物、真菌等，都进化出了生命活动中的昼夜节律。

动物的昼夜节律主要表现在行为和生理上。行为上主要表现在睡眠、进食等方面，生理上主要表现在体温、脑电波、激素水平、血压和细胞再生等方面。

昼夜节律是由一系列复杂的生物化学反应进行调控的，包括关键信号蛋白转录、表达以及其活性的抑制和激活，从而调控体内代谢反应和激素水平。这些调控机制统称为生物钟。

人体生物钟

人类是日行动物,大部分的活动,如饮食、锻炼及工作等,都是在白天完成的,夜间的主要活动是睡觉。人体内的生物钟按时间顺序协调所有的生命活动,尤其是动员各种代谢反应,为各项生理活动提供所需的能量。

生物钟存在于体内各个器官,可分为中枢生物钟和外周生物钟。

中枢生物钟位于大脑的下丘脑中的视交叉上核,由2000多个神经细胞组成;外周生物钟位于与代谢有关的器官,如肝脏、心脏和肾脏等。中枢生物钟和外周生物钟都受到环境因素(主要是光照)的影响。中枢生物钟受到光照的直接影响,而外周生物钟受光照的间接影响。

简单地讲,眼球中的视网膜受到光照刺激,直接将神经信号传导到大脑的视交叉上核,启动相关关键蛋白的表达,引发级联反应。而该关键蛋白会激活其抑制蛋白的表达,使该关键蛋白的表达在24小时内逐步下降,待下次受到光刺激时再次被激活,实现昼夜节律的24小时周期控制,所以该机制是一种可稳定运行的负反馈机制。中枢生物钟的信号通过神经传导、激素调节、体温变化和进食调节等,影响外周生物钟。

中枢生物钟与外周生物钟之间的部分联系由按照昼夜节律分泌的激素传导,激素包括胰腺分泌的调节糖代谢的胰岛素、胰高血糖素,脂肪分泌的调节脂肪代谢的脂联素、瘦素,以及胃部分泌的脑肠肽等。

这些激素一般在白天分泌量很大,可以促进食物的代谢,而在夜间分泌量减小,如果夜间摄入的食物过多,就会因无法及时代谢而被身体储存起来,导致肥胖。

打破节律恶果多

现代生活中,人们夜间活动的增加,如上夜班、加班、夜间进食等,成为身体维持正常昼夜节律的障碍，人们的活动节律与体内代谢的内在节律不一致，导致机体产生各种脂肪及与糖类代谢相关的疾病，如肥胖、糖尿病、心血管疾病等。

最新研究发现，代谢水平的昼夜节律并不仅仅由进食和饥饿介导，还由生物钟主动调节。

昼夜节律不仅调节饮食和代谢，更调节人类的清醒—睡眠周期。

当人们经历跨时区旅行时，环境的昼夜交替和自身体内的节律错位，会让人产生"时差"的感觉。

再比如，人们在熬夜之后，即使第二天补觉也会感觉非常疲乏，这也是昼夜节律紊乱的结果。白天睡觉的休息效果完全比不上夜间休息。

此外，人们在夜晚若接受了过多的光亮刺激，如电视、电脑等，大脑就会把夜晚错当成白天，于是，各项生命过程不能调整成夜晚的休息模式，促使睡眠的褪黑激素分泌不足，代谢依然旺盛，从而造成入睡困难、睡眠质量下降等问题。

保持昼夜节律有利于生物适应环境，从而在漫长的进化过程中被选择并维持下来。

总而言之，我们越多地了解人体运行的奥秘，越多地认识到人的各项生理功能是亿万年自然进化的结果，就越会意识到只有顺应自然规律，才能更好地维持人体的正常运转，远离各种疾病和亚健康的状态。

作者：王攀（中国科学院动物研究所）

科学在身边

脑科学教你如何更会吃

▲ 动画《千与千寻》场景

几千年前孔子就曾说过"食色，性也"，不仅如此，还"食不厌精，脍不厌细"，那么你从科学的角度思考过这个问题吗？

最近，科学家开始研究这个课题，英国牛津大学的克罗里克和美国迈阿密大学的简尼斯威斯基从脑科学和营销学的角度对此现象进行了研究。

大脑也会开启"享乐"模式

北京的臭豆腐，湖南、湖北的臭干子，安徽的臭鳜鱼，法国的蓝纹奶酪以及东南亚的榴梿等，都是闻着臭、吃着

▲ 榴梿班戟

香。不仅如此,一旦你喜欢上了某种闻着臭、吃着香的食品,就会越吃越爱吃。如果隔一段时间没有吃到它,甚至还会想念它的味道。

如何从科学的角度解释这种现象呢?上述两位学者在《消费者研究杂志》上就这个问题给出了答案。这要从人的大脑认知结构谈起。

他们认为,人类的大脑很容易适应感官和物理的变化。例如,从寒冷的环境进入温暖的房间就会感到舒适,这就是所谓的"享乐舒适"。

不过,如果享乐舒适超出了一定的范围,就会出现不舒适了。例如,中医讲究"要想小儿安,三分饥和寒"。"安"意味着"舒适",把孩子喂得过饱,导致其消化不了,就会得病,还怎么"舒适"呢?

科学家们发现,要培养消费者味觉的细腻,升级才是正道,那么,如何升级呢?

大脑的"享乐升级"是什么

顿顿吃臭豆腐等食物恐怕会令人生厌,顿顿都吃鸡、鸭、鱼、肉同样如此。但是,凡事皆有例外,也有让人不厌烦的,科学家称其为享乐升级。

喝白酒是一些人所好,喝红酒也是一些人的讲究。喝酒的人很容易体会到这种享乐升级,随着喝酒经验的积累,就会品鉴出哪款酒好,哪款酒不好。

当然,这只是类型的区别,仅仅停留在这个层面还远远不够。马克拉默是一位专业的红酒品鉴家,他发现好的品尝体验带来的快感不应该是越吃越

少的。相反，品尝一款高品质的红酒，每一口都能增加品尝的快感。因为随着时间的变化，高级红酒的味道也会不断变化，这种变化使每一口品尝都变得更有层次，所以每次品尝都能发现新的味道。这种每多吃一口就感觉更快乐的体验，叫作"享乐升级"。

根据脑电波研究和商业案例来看，食用习惯和包装等细节处理在某种程度上对食品的体验也起到很大作用。

例如，研究发现，咖啡包装是使用纸杯还是塑料杯，包装品牌标识怎样设计等都影响品尝者的整体体验。这也从另一方面提示我们，除了口味体验，我们也应该关注消费者食用食品时的细节，将细节做到最优，这也是一款食品占领市场的制胜关键。

其实，在占领市场的过程中，口味是十分重要的。食品生产者都希望大众尽可能地喜欢自己的产品，能成为回头客，然而人们越吃越爱吃并非仅仅是由于食品的味道好。从享乐适应和享乐升级的角度来看，一款食品要想得到消费者的持续青睐，重要的不仅是口味本身，更是口味搭配的层次感和体验。

当然，大部分"吃货"还仅仅停留在享乐适应层面，他们不乐意往上"升级"自己的"享乐"。这就使得商家绞尽脑汁地延缓消费者对口味厌倦的时间。

比如，设法让食客减少吃某种食品的频率（饥饿营销），让食客品尝其他种类的食品（选择比较），买食品时赠送其他奖品（"小恩小惠"）等。

会做生意的生产商会在自己的食品上下功夫，尤其是在调料上。老北京的炸酱面、武汉的热干面，这一南一北，虽然都是面条，但配料不同，于是分别成了经久不衰的食品。

大脑也会有味道"偏好"

● 酸甜苦辣

科学家们发现，人们对某些味道有特殊的偏好，这种偏好既有先天的，也有后天的。

举例来说，冰激凌等甜品中的甜味会让人产生幸福感，这是因为甜味能促进脑内释放类鸦片物质，人们喜欢甜品就是一种天生的偏好。

但是，有些味道并非先天就会让人产生喜爱的偏好，例如苦咖啡、纯可可等。在后天，人们为了接受这些味道，将它们与甜味相结合，产生出一种后天拥有的幸福感，于是就有了卡布奇诺、拿铁等食品。

从某种程度上来说，无论是先天拥有的，还是后天形成的偏好，随着口味的增强，幸福感都会提升。

要引起重视的是，反复品尝同一味道的食品会让情景记忆（对自身在特定时间和地点的经历所形成的记忆）改变。换句话说，一种东西吃多了就腻了，想换个口味。

此外，科学家们还发现，吃甜食会促进人们脑部形成与之相关的情景记忆，而情景记忆对于健康饮食习惯的形成具有重要影响。

研究人员发现，在给大鼠喂食含有蔗糖或者糖精的甜味食物后，大鼠背侧海马神经元中一种叫作ARC的突触可塑性标记蛋白的表达显著增加，这表明在吃甜食的过程中位于背侧海马体的神经元被激活，促进了情景记忆的形成。

帕仁特教授说过:"我们认为情景记忆能够控制进食行为,比如我们会告诉自己'我已经吃了一顿大餐,不能再吃了',而我们之所以会做出这样的决定,就是因为我们已经形成了关于进食时间和进食内容的记忆。"

如何体会到"享乐升级"

科学家们发现,口味的多元化才是真正保持享乐升级的秘密。要让"吃货"比较相似的食品,使其味蕾选出哪种食品更加舒适。

目前关于享乐升级的实证研究不多,为了验证享乐升级的存在,克罗里克和简尼斯威斯基做了一个预实验:

请人们品尝五种最受欢迎的薯片,每种薯片品尝五次,每次品尝后为薯片的味道打分。73%的被试者在至少一种食物中体验到了享乐升级。这次实验的一个重要发现是,包含多重口味的食品比单一口味的食品更能使人产生享乐升级体验。

他们还发现,让被试者快速喝下果汁时,若他知道果汁的配方,就能够更快地分辨出不同层次的味道,体验到享乐升级;若慢慢地品尝时,是否知道果汁配方的差别不大。

这说明,在快速购物的环境中,详细的信息能够帮助顾客分辨和感受味道。或者在顾客品尝时,每次告诉他一个新的口味,引导其品尝,也能使其产生享乐升级体验。这是因为在这种引导下,品尝者也能够感受到多种口味,从而更容易体会到享乐升级。

作者:刘钢(中国社会科学院)

13. 人为什么要打哈欠

俗话说:"春困秋乏。"又到了随时能感受到疲乏困倦的时候了。上班族看着电脑犯困打哈欠,学生盯着黑板哈欠连连,公交、地铁上一个人打哈欠,旁边的人有时也会忍不住打起哈欠……

那么,人们为什么会打哈欠呢?其实,关于哈欠,我们了解得还真不多。

人为什么会打哈欠

每个人都具备"打哈欠"这一基本反应,这种行为大多不受主观意志的控制。关于打哈欠的起因众说纷纭,主要存在以下几种理论:

进化说

进化说认为,人打哈欠的行为是原始祖先传下来的,打哈欠时露出牙齿是为了向别人发出警告。然而,人类的发展已经进入文明社会,用打哈欠的方式向别人发出警告已经过时了。如果是这样的话,那么人类打哈欠的行为,最有可能是一种已经丧失存在意义的演化遗存了。

大脑缺氧说

有人认为,打哈欠能缓解大脑缺氧。当人疲劳、睡眠不足时大脑会缺血、缺氧,这时候,打哈欠能使肺部扩张,增加心脏交换血液的效率以及血液中的含氧量,从而缓解缺氧现象。然而,随着研究的深入,我们发现,肺脏不一定会侦测到氧气的不足,虽然子宫内的胎儿肺脏不能换气,但胎儿已经会打哈欠了。

唤醒假说

哈欠可能在维持大脑正常的清醒程度和警惕水平中扮演重要角色。人在疲惫时最常打哈欠,而且个人对困意的主观感觉也会影响打哈欠的频率。人在睡眠前后即清醒程度降低时容易打哈欠,哈欠的频率分布能够精确地反映人的作息规律。

嗜睡假说

与唤醒假说相反,嗜睡假说认为打哈欠让人更有困意。有实验数据表明,在打过哈欠之后,人的清醒程度会降低。但是这一假说很难解释困意引发的哈欠为何会进一步增强困意,因为没有反馈机制的存在,很难保证睡眠和清醒之间的平衡。

温度调节说

有科学家提出,打哈欠是为了给大脑降温。在打哈欠时,空气通过上腭和鼻腔,下颌做极限拉伸,进入大脑的血液量增加,伴随着吸入大量空气,上颌窦扩张和收缩,不断地将空气输送到脑部血管,从而降低血液的温度。

而近期又有研究通过红外摄影观测了大鼠在打哈欠前、中和后的角膜的热变化,结果显示,大鼠打哈欠后10秒,角膜的最高温度明显下降,20秒后恢复到基础温度,从而证明打哈欠跟温度调节有关。

打哈欠会"传染"吗

当你看到周围的人打哈欠时,你是否也会情不自禁地跟着打哈欠?更有趣的是,当你听到打哈欠的声音,看到打哈欠的字眼,甚至联想到打哈欠的情景时,都可能会不知不觉地打起哈欠来。而打哈欠为什么会传染,科学家们的答案还不统一,目前主要包括以下几种:

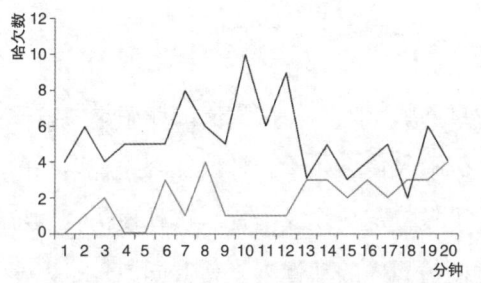
观看打哈欠视频被传染哈欠的效果图(注:黑线表示看打哈欠视频,灰线为对照视频)

移情作用的连锁反应

科学家们发现,只有大脑皮质发达的脊椎动物才能彼此传染哈欠,他们能了解同伴的想法,因此会在"移情作用"的影响下,把同伴打哈欠的行为反映到自己身上,从而产生"连锁反应"。

美国一项研究结果显示,正常孩子在看完打哈欠视频后更易打哈欠,而自闭症儿童在看视频前后几乎无变化。因此,在沟通与社交上能力不足的人,不容易被传染哈欠。

"情绪感染"的无意识模仿

也有专家认为,打哈欠传染并不是移情,而是一种"情绪感染"。情绪感染是对他人情绪状态的直觉反应,并不包含对情境和他人心理状态的认知理解,即在当个体知觉到客观事物的状态时,

打哈欠的传染行为

一种特殊的自然反应便产生了。因此,打哈欠的传染行为应被视为是情绪感染而不是移情。

从众心理

还有人指出,打哈欠传染是心理学中的马纳姆效应,是从众心理的作用。其实人类一直都在寻找自己,却常常迷失,很容易受到周围信息的暗示,并把他人的言行作为自己行动的参照,从众心理便是典型的证明。

大脑无意识地自动模仿

有科学家提出,打哈欠的信号会自动触发大脑运动皮质的原始反射,导致无意识地自动模仿。研究人员称,被哈欠传染属于一种模仿现象,即不由自主地模仿他人的行为或语言,机械重复特定动作或语言。这种模仿特性也是原始人融入集体的一种方式,通过模仿同样的动作来表达共同属性,以避免树敌。

打个哈欠,益处良多

研究表明,人打一个哈欠,平均只需要 6 秒钟。但就在这短短的 6 秒内,大脑、眼睛、肾脏、肝脏都得到了不同程度的好处。

打哈欠会让人更清醒

科学家表示,事实上打哈欠并不是睡眠的预兆,它的原意是让你更清醒。打哈欠时吸入的空气,降低了鼻腔内血管的温度,从而将温度变低的血液输送到大脑,而大脑在低温的刺激下能够保持清醒的状态和良好的运作功能,提高工作效率。利用鼻子呼吸的人,打哈欠的可能性较小,这是因为在他们呼吸的同时,鼻腔中的血管已被冷却。

打哈欠竟还有保健作用

研究表明,打哈欠还有以下作用:

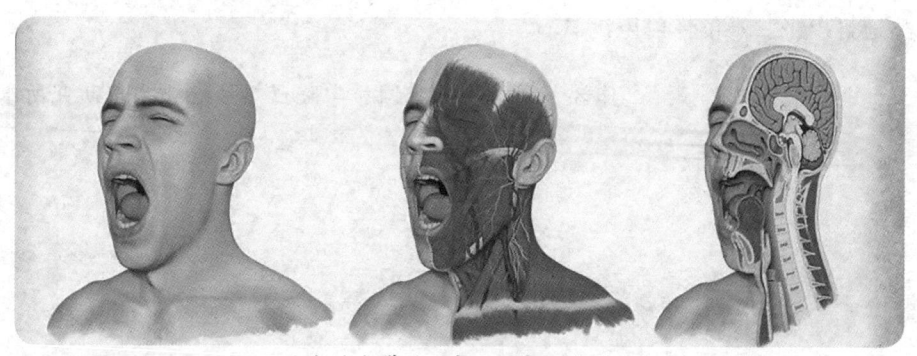

💧 打哈欠带动面部、咽部肌肉收缩

1. 提神醒脑。打哈欠时,深沉悠长的吸气有利于更多的氧进入肺部,到达血液,同时咽部肌群及面部几十块肌肉随之收缩,可驱动携氧的血液流向大脑,提高大脑的工作效率。

2. 加强咽肌收缩力。打哈欠时,嘴张得很大,咽壁中的悬雍垂肌、腭帆提肌和腭帆肌处于收缩状态,使软腭紧张和上提,并同咽上缩肌在咽腭肌协助下形成的突起相接触,加强咽肌的收缩力。因此,由于咽肌松弛导致鼾声如雷的人,可利用打哈欠恢复咽肌的收缩力。

3. 助睡眠。精神紧张导致难以入睡时,做哈欠操有助于松弛神经,进入梦乡。

4. 护眼。打哈欠还有助于放松眼部和喉部肌肉,促进眼部血液循环。

哈欠多还可能是某些疾病的征兆

临床发现,有70%～80%的缺血性脑中风病人,在发病前一周左右会因大脑缺血、缺氧而频频打哈欠。所以中老年人,尤其是心脑血管疾病患者,出现无原因的频繁打哈欠时,切不可掉以轻心,应及时到医院进行检查。

打哈欠虽然是一种原始的反射机制,但你想要主动打哈欠的话还是可以

做到的。教你一个打哈欠的绝招：首先全神贯注，精神放松，而后取坐位或卧位，闭住嘴巴，用鼻子轻轻呼吸几次，再张口呼吸，一个个哈欠便会很自然地打出来。不信你可以试试看。

作者：刘春梅（中国科学院亚热带农业生态研究所）

第三部分 人体千百态

14 为了研究长寿,科学家也是拼了

当我们说起"长寿基因"时,我们在说些什么?

简单地说,活得比人均预期寿命长就算长寿,所以,中国人长寿的标准是活过76.34岁,这是2016年官方公布的人均预期寿命。

韩国人的这一数字要高得多,韩国政策中心2015年的报告称,2030年韩国女性预期寿命将高达87.7岁。但帝国理工学院与世界卫生组织于2017年发表在顶尖医学期刊《柳叶刀》上的研究报告说,韩国人这一次谦虚了,2030年该国女性预期寿命将超过90岁,居世界第一。

然而,90岁对许多人来说还是太短,自古帝王就盼望能够长生不老,如果在120岁的时候还可以像年轻人一样有活力就更棒了。

但科学家发现,人体细胞好像安装了定时器,到了时间便衰老、退化,以至死亡。就好像一个工厂按部就班地生产若干年后,忽然开始关闭一条条生产线、一个个车间,最后居然"自爆"了。

这些组成人体的细胞,它们的一举一动都被基因操控着。而人体一共有两万多个基因,其中可以保护好细胞工厂或者延缓它"自我爆破"的,应该算作"长寿基因"。

遵循这个标准，科学家们开始了"长寿基因"的漫漫海选之路。

1912年，诺贝尔生理学或医学奖得主法国人卡雷尔坚定地认为，人体所有的细胞都有永生能力，只要外界环境合适，就能无限分裂增殖下去。

但是，在38年后，美国人海佛列克发现，卡雷尔大错特错。

人类细胞即使在最理想的外界环境中也只能分裂大约60次，然后就衰老死去，后人称之为"海佛列克极限"。

端粒酶基因：实现细胞永生的关键

什么决定了"海佛列克极限"呢？1975年，美国人伊丽莎白·布莱克发现是端粒，一种存在于人类染色体末端、同样也是由DNA组成的结构。

细胞寿命是有限的，为了延续下去，它必须在死亡之前复制出一个新的自己，但端粒却每复制一次就缩短一点，从而损失了一小段记作"TTAGGG"的DNA，这被称为"末端复制难题"。再加上外界紫外线、尼古丁、有机染料等有害刺激，染色体越来越不稳定，最终彻底崩盘。

如果把"TTAGGG"补到端粒末端，就可以维持端粒的长度了吗？

布莱克也是这样想的，而且她发现大自然确实也是这样设计的。一种叫端粒酶的蛋白质可以通过精妙的机制合成出一段新的"TTAGGG"，补充到端粒末端（布莱克凭此成就获得2009年诺贝尔生理学或医学奖）。

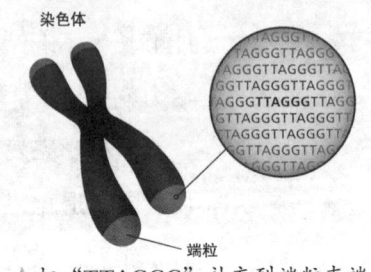

把"TTAGGG"补充到端粒末端

于是科学家猜想，是不是可以利用端粒酶，让人类细胞永远活下去呢？

可惜，90%的癌细胞也是这样想的，它们邪恶地利用了端粒酶，通过反复激活它的活性，让自己无休止地分裂下去，最终形成可扩散的恶性肿瘤。

看来这条路不好走，人们用小白鼠做实验发现，提高端粒酶 TERT 基因的表达确实可以延长它们的生命，但也大大增加了患癌症的风险。

SIRT6基因：尝试重建新的细胞工厂

旧细胞工厂的"倒闭"看来是不可避免的了，那么可不可以多造一些充满活力的新厂房呢？

比如，造血干细胞就是负责造血的，如果某基因可以让造血干细胞稳定造血，新鲜血液源源不断地注入人体，那么它是不是也应该是"长寿基因"呢？

科学家很早就锁定了 SIRT6 基因，它来自 Sirtuin 家族，该家族一共有七个成员，个个都有长寿基因的潜质。科学家发现，如果把 SIRT6 基因敲掉，小鼠就会早衰，寿命从 2～3 年锐减到 1～2 个月。反过来，如果让 SIRT6 基因过量表达，小鼠的寿命就可以延长 20%～30%。

但在人类身上就没办法做类似的实验了，直到 2017 年，科学家还只能在外源培养的人间充质干细胞上做实验，然而值得高兴的是，科学家们发现，由于 SIRT6 基因的缺失，人间充质干细胞也在加速衰老。

但是，SIRT6 基因更像是一把双刃剑，它虽然能抑制癌变，但会促进皮肤癌的发展。这就使科学家们更不敢直接在人体上做 SIRT6 基因的寿命实验了。

这时候，和 SIRT6 基因同一家族的另一个成员——SIRT1 基因登场了。

SIRT1基因：可以被激活的"长寿基因"

我们都知道，负责细胞工厂"能源供应"的是线粒体，这种细胞器是细胞工厂极其重要的、不可分割的一部分。而 SIRT1 基因可以保护线粒体，那

么，激活它是不是可以使人长寿呢？

不同于SIRT6基因，安全激活SIRT1基因的办法早就有了，白藜芦醇可以帮助激活SIRT1基因。

哈佛医学院的科学家们用白藜芦醇喂小白鼠，结果发现鼠"寿"延年。继续用它在酵母菌、线虫、果蝇中做实验，也得到了类似的结果。这可以说明，被白藜芦醇激活的SIRT1基因确实有益于长寿，还能让机体免受肥胖和衰老的影响。

这批科学家马上成立了Sirtris制药公司，希望制造出类似白藜芦醇或比白藜芦醇效果更好的长寿药物。毕竟，白藜芦醇虽然可以在葡萄皮、花生和浆果中找到，但含量还是太少。

还有没有更多类似SIRT1的延寿基因呢？

Bcat-1基因：限制它的活动就能延寿

苏黎世联邦理工学院和耶拿财团干脆采取"基因海"战术，在自然界大规模地筛选。他们找了三种典型生物，线虫、斑马鱼和老鼠，一共检测了它们的4万个基因。

科学家们假定，与长寿有关的基因应该在年轻时很活跃，在年老时很低调，活跃或低调的标准就看基因的副本多不多，这可以用统计模型计算出来。

统计模型表明，三种生物有30个共同的基因可能对寿命长短有影响，科学家们挨个细致地检验了一遍。结果发现，有12个基因可以延长线虫5%的寿命，通过限制一个叫作bcat-1的基因的活动，竟然延长了线虫25%的寿命，而且线虫活得更健康。

人体内也有bcat-1的同源基因，科学家相信它也是人类的长寿基因。

有意思的是，bcat-1基因在人体内的作用是减少支链氨基酸的累积，那么多吃些支链氨基酸是不是就可以延长寿命呢？可惜人体实验不好做，确定性的结果还没有。

科学家希望搞清楚的是，限制 bcat-1 基因的活动，或者增加支链氨基酸（主要是亮氨酸、异亮氨酸和缬氨酸）的摄入，是不是可以既活得长寿，又一直保持健康呢？弄清楚这个问题很重要！

APOE e4基因：长寿，是要付出代价的

有些人并不想长寿，因为机体老去后各项机能衰退，各种老年病缠身，痛不欲生。

比如阿尔茨海默症，让病人丧失了记忆力和认知能力，吃喝拉撒都不能自理，即使活到 120 岁也毫无质量和尊严可言。

为什么长寿往往伴随着这些老年病呢？

美国人凯莱布·芬奇提出一个假说：人类祖先之所以比其他灵长类动物（如近亲黑猩猩）更长寿，在于人类祖先摄入大量肉食，进化出了对抗肉食中病原体的免疫机制。这些免疫机制保证了人类祖先的寿命［大约 40 岁左右，是黑猩猩寿命（13 岁）的 3 倍］，但这也让人类祖先付出了巨大的代价——更容易得老年病。

免疫机制的原理是消灭异己，办法是各种各样的，炎症反应就是其中一种。炎症反应包括发热、肿胀和疼痛，发热让细菌无法正常繁殖，肿胀是因为组织液增多，把受伤区域与健康组织隔离开来，疼痛则让人注意保护自身。但反复的炎症反应会大大增加癌症以及其他疾病发生的概率。

芬奇用动脉粥样硬化举例：慢性感染和炎症导致血管壁形成了微小伤口，后者在愈合的过程中产生了动脉斑块堆积，久而久之堵塞了血管，造成疾病。

APOE e4 就是这样一个基因，它在生命早期强化了炎症反应，成功地打

退了细菌的进攻，但在生命晚期，它却会让机体付出沉重的代价。

多管齐下，延寿效果是否加倍

正如我们一开始提到的，凡有益于寿命延长的基因，都可称之为长寿基因。科学家也想过，如果同时改变两个潜在的长寿基因，延寿效果是不是就能加倍呢？

依旧拿线虫做实验，科学家发现，改变线虫的雷帕霉素标靶（TOR）通道，可以延长线虫30%的寿命，改变胰岛素信号通道则可以延长100%的寿命，把两者结合起来操作，延长了线虫130%的寿命。

科学家真不怕折腾！不过这也可以看出人类对于长寿的渴望是多么强烈，并且人们想要的是既长寿又健康。科学家和制药巨头们一定会继续走下去，先定一个小目标：让人类预期寿命突破120岁。

不过必须说明一点，长寿只是结果，而促成长寿的原因，一部分是基因因素，一部分是后天环境因素。

目前来看，长寿基因指的是一大类基因，它们参与了至少五大类信号通道，且对长寿的决定占比为25%，60岁之后占比则更高。

开心点！保持良好的情绪对健康和寿命的影响也很大哦

在我们还做不到删除坏基因、添置一些长寿基因的条件下，想长寿就只能改变自己的生活方式，比如不吸烟、不熬夜、不吃撑以限制热量摄入等，健康的生活方式才能实实在在地延年益寿。

作者：韩飞（中国科学院上海生命科学研究院植物生理生态研究所）

● 第三部分 人体千百态

15. 脑电波能让你拥有读心术、意念控制术吗

一

《X战警》场景

《X战警》中的X教授有以下几项"超能力"：

一是无须肢体接触就能读取别人的思想，即"读心术"；二是在一定半径范围内，能在人脑中制造幻想，即"思想传输"；三是能借助脑波强化机，控制任何人的大脑，即"摄心术"。

目前脑科学家和人工智能专家已经把X教授的前两项"超能力"变成了现实。虽然效果上差了许多，但意义重大。

这些"超能力"主要是通过脑电波实现的，具体怎么做，让我们从头说起。

二

人类主要靠语言交流思想，这比动植物间的交流高级得

79

多、有效得多。

文字则是另一大发明,它让人类可以把思想传递下去。

但两者有共同的缺点:信息传送时往往牺牲了准确度。

我口言我心,我手写我心,对大多数人来说都是极难的。特别是交流比较抽象的思想,或者更细腻的思想,比如:"我现在的感觉,就像是在下过雪的午后,跟暗恋的姑娘并排走在田野上,眼望着周围慢慢化掉的雪,脸上吹来一阵凉凉的但没有那么冷的风的那种感觉。"

结果,人们既难以用语言来表达内心深处最真实而细腻的思想,也很难听懂别人讲述的最细腻而真实的想法。

为了便于交流,非洲的一些部落迄今仍在广泛使用鼓语。

有事要宣布,或者喊孩子的爸爸回家吃饭,或者生了一个大胖小子,都可以操起手鼓,成套大段地"说"起来。

由于鼓能发出的音调实在有限,必须敲击出大量限定词才能表达一个很简单的意思。比如"你别瞎操心了",用鼓语敲击出来就成了:"把你的心从嗓子眼放回原处吧,你的心已经提到了嗓子眼了,现在把它放回原处吧!"

有意思的是,部落的人都能听懂,噢,就是让我别瞎操心的意思。

这种通过信息冗余来修正信息准确度的方法很管用。要知道,信息是不确定性的量度,而冗余消灭了不确定性,那就是有价值的。

所以,有的人啰唆,部分原因是他的表达能力欠缺,或者表达的思想太过复杂,没有办法删繁就简、深入浅出,只能通过信息冗余来帮忙。至于大师一语道破真谛,一字点透苍生,那都是大本领,一般人很难做到。

非洲的一些部落仍在使用鼓语

如果不用说、不用写，只需想一想，对方就能知道我的意思，那就很棒啦。

通过脑电波，就能读心。

想象一下，你看见霞光、听见狮吼、闻见茉莉花香、用手指抚摸恋人的额头，这些动作要在大脑中产生"知觉"，必须先转变成电信号，然后"电火花"沿着长长的神经纤维，一路传递到神经中枢。

黑暗森林一般密布的神经纤维上，"电火花"此起彼伏，整个大脑皮质就像充满闪电的天空。支持你现在想象的，就是其中的一束"闪电"。如果你"看见"了这一切并感到愉悦，那么在你的大脑海马体的灰白质区域，也会冉冉升起一簇"电火花"，然后转瞬即逝。

最早发现大脑电活动的，是英国利物浦皇家医院一个名叫凯顿的年轻人。1875 年，他在黑猩猩和狗的大脑上都检测到"电火花"运动。小伙子很兴奋，写了一篇题为《脑灰质电现象之研究》的论文，但可惜没人理睬他。

直到半个多世纪后，1929 年，德国人伯杰才真正检测到人类的脑电波，并制作了第一张人脑脑电波图。

这时科学家发现，原来脑电波（electroencephalogram），简称 EEG，就是一种非常弱的生物电，可以把它理解成大脑的电器性震动，这些震动的频率主要在每秒 1～30 次。

脑电波此起彼伏，信号非常非常多，科学家们想：把你们分成几大类吧，这项工作很容易。于是，根据每秒钟震动次数的多少，成年人的脑电波被分成了五大类。

有意思的是，脑电波的种类随着人的身体状态和生理年龄变化不一。

比如，δ 波（1～3 Hz）对应深度睡眠状态，婴儿或醉酒的成年人的大脑中也有这种波。θ波（4～7 Hz）则对应放空冥想状态，青少年以及受挫折或抑郁的成年人大脑中，主要是这种波。α波（8～12 Hz）对应平静放松的状态，是正常人脑电波的基本节律。β波（13～25 Hz）对应思考和解决问题的状态。γ波（＞25 Hz）则对应一些病理状态。

一个很奇怪的发现是，人死亡后脑电波仍会存在一小段时间。以前的研究者认为这个时间大致在一分钟左右，主要是类似深度睡眠时的δ波，但2018年加拿大的医生发现一名患者在被宣布死亡并撤去生命维持系统后，脑电波仍存在了10分38秒。

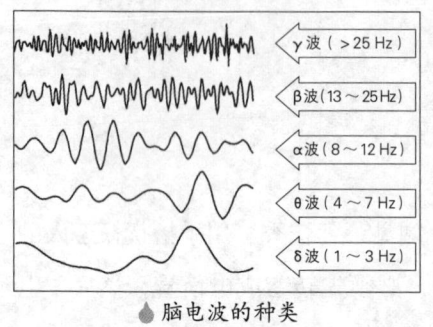
脑电波的种类

采集脑电波很简单，在头皮上放一个金属电极，可以再加一个放大器，也可以把微电极植入颅骨内部。目前市面上的商用采集器已可以做得小巧且美观了，但问题是信息噪声太严重了。

人类大脑大约有860亿个神经元，它们在活动时对外发射的脑电波会有多嘈杂可想而知。而且，脑电波引起的电压变化是微伏数量级的，非常容易受干扰，特别是入门级的商用感应器，头发长了不行，妆化厚了也不行，手机不小心从旁边晃一下也不行……

所以，在一些偏临床科研和医疗应用方面，科学家更倾向于用核磁共振来代替脑电波，或者将两者结合起来对大脑进行观察和研究，比如监控睡眠，诊断癫痫、脑中风、脑炎或脑瘤等。

但在某些方面，脑电波还是有用武之地的。

比如，通信专家早已尝试把脑电波用于生物识别，北京邮电大学的专家团队多年来一直在研究这个。

五

而人工智能专家最关心两方面的应用：

一是能不能把脑电波的复杂波形转换成数字，并解读、传输其中的信息呢？读心术与思想传输能不能成为现实？

二是能不能用转换来的数字信号控制一些电子设备呢？

第一个方面的应用实现难度很大，主要是脑电波很难被"破解"，假如它真的存在某种算法的话。所以，目前对脑电波的解码，使用的是一种类似于匹配算法的方法。

2010年，美国犹他大学的实验团队往被试者颅骨下植入16个微小电极，让被试者重复阅读10个单词，研究人员把对应的脑电波

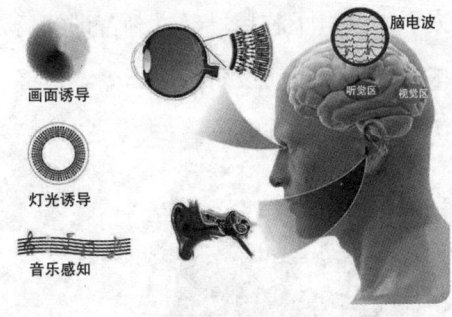

脑电波转换

分别记下来，然后找出每个单词对应的脑电波。等匹配工作完成后，研究人员面对某个单一信号，就可以猜出被试者读的是什么单词了，准确率在76%～90%，但当研究人员同时面对10个脑信号时，猜测的准确率就骤降到了28%左右。

2013年，华盛顿大学的实验团队还成功地在两个志愿者之间传输了一些简单的脑电波信号，使两人共同完成了一款单人射击游戏。

文娱方面，2011年，日本Neurowear公司开发上市了一款基于脑电波的可穿戴产品，叫"猫耳朵"。通过感应器扫描脑电波信号，它可以把信息传递到终端，于是"猫耳朵"便会在佩戴者精神集中时竖起来，在佩戴者精神放松时耷拉下来。2015年，优衣库推出了一项名为UMood的黑科技。消费

者坐在正对大屏幕的椅子上佩戴设备，便可在仪器的帮助下找到自己最喜欢的衣服。

同一年，脸书创始人扎克伯格决定成立一个神秘的硬件研发部门，专注研究不需要植入电极的人脑——电脑交互技术，目的就是希望有一天，"当你思考某件事时，如果你愿意，你的朋友就能立即知道你的想法，同你产生心灵感应"，并称这才是终极的沟通技术。

第二个方面即意念控制，其应用相对简单，实验室和VR/AR市场上的产品都非常多。

2007年，美国罗德岛布朗大学的实验团队往高位截瘫患者的大脑内植入了一块电子芯片。经过刻苦训练后，患者的思想可以被译成数字信号，这些数字信号可向设备发出指令。最终，患者可以轻松地用意念收发邮件、玩游戏、换电视频道等。

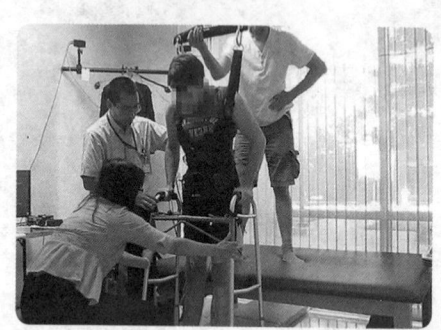
美国加州大学的医生设计了一项可捕捉脑电波的帽子

佩戴脑电帽的被试者指挥机器人

2015年，美国加州大学的医生给一名28岁的已瘫痪5年的男子设计了一项可捕捉脑电波的帽子，计算机程序把他的脑电波破解、分离出控制腿部活动的部分，然后再把信号发送出去，让相应仪器刺激腿部肌肉，这样他就能"行走"了。

电影《奇异博士》中有类似的情节，一名蓝领瘫痪后，纯靠意念重新恢复了正常行动能力，甚至可以打篮球、一对一斗牛。

我国某大学的脑机协同信息处理实验中，佩戴脑电帽的被试者可以凭"意念"指挥桌子上的机器人，使其做出向左、向右、转头、走路和抓取等动作。

其他应用还有脑意念球、脑控直升机等，其原理都很初级：人的大脑对信号处理器来说，就是一个可以发出"上下、左右、旋转、跳跃"指令的游戏手柄，一切"意念操控"都是建立在这几个简单操作的组合之上的。

总之，脑电波的处理技术一旦成熟，其应用范围是非常广泛的。想象一下未来吧：

朋友在卢浮宫旅行，忽然看到一幅枫林白露的油画，激动之余好想与你分享一下她的感受。只要你愿意，你就能接收对方的思想，噢，原来是如此这般，这般如此。甚至，有一天人类的记忆和思想可以像文字一样被储存起来，未来人们便能感受到过去的世界竟如此精彩！

作者：韩飞（中国科学院上海植物生理生态研究所）

16. 如何提高记忆力

在许多科幻电影中，主人公通过某种药物可以获得超凡的记忆力等各种超能力

很多人抱怨自己的记性差，羡慕身边过目不忘的朋友。以前，年纪在四五十岁就算是老年了，记性差点也就认命了。而现在，60~70岁还算"中年"。在这种情况下，记忆力减退就让很多人担忧了。据专家预测，到了2150年，人的平均寿命将达到95岁，记忆力衰退将是老龄化社会的一个大问题。

大脑中大多数神经细胞不会再生，因此保存在神经网络中的记忆肯定会随着年龄增长而减少。那么，能不能利用技术显著提高记忆能力呢？

答案是肯定的，而且你已经感觉到了，智能手机每天跟着你，记录下大量的照片、视频和语音。利用这些信息可以把人们早已忘得干干净净的记忆找回来。可是，这种"记忆"使用起来总觉得不那么方便，如果记性差到连照片都想不起来，那怎么办？

下面要讨论的就是记忆力的"增强版"，真正的超级好记忆力。为了讨论方便，先科普一下人的记忆。

人脑记忆的分类

人的记忆分为显性记忆和隐性记忆两大类。

显性记忆就是能用语言表达的记忆,又分为陈述型记忆和事件记忆。陈述型记忆主要是知识,比如你背诵的唐诗。事件记忆主要是经历,比如前天你早饭吃的是什么。

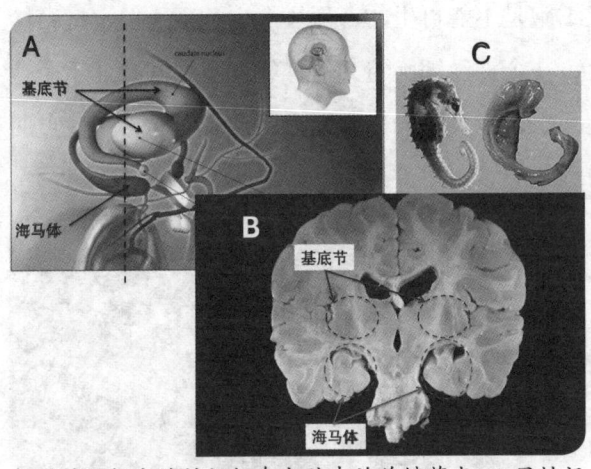

隐性记忆主要是程序型记忆,比如学会骑车、滑雪、跳舞这些连续动作以及学会的母语等。隐性记忆一旦形成就可以稳定终生,所以你在小时候学会骑车,即使日后多年不骑车,但一接触自行车还是马上能骑。

◆ 显性记忆和隐性记忆在大脑中的关键节点:A.显性记忆的关键节点是海马体,隐性记忆的关键节点是基底节,右上角插图标示的是海马体和基底节在大脑中的位置。B.人脑标本的冠状切面(即两耳之间的切面,平面的位置由图A中的虚线标示)。海马体和基底节与大脑皮质形成高度互动的网络,把记忆储存下来(大脑皮质即图B中的大脑外圈,颜色比较深的那层)。C.人脑海马体(右)和海马(左)相比较,体积、形状都相似

举一反三,复习一下:当你在广场上跳广场舞时,用的是程序型记忆;休息的时候和昨天刚认识的大妈打招呼,用的是事件记忆;而进一步和大妈套近乎,讲解股市"K线",用的是陈述型记忆。

如何减缓记忆衰退

大脑随着年龄增长而不断衰退，脑力和体力锻炼是减缓记忆衰退的有效方法。

脑力锻炼主要靠多动脑，学习有挑战性的新知识。在老年大学学习和参加公益活动都是极好的脑力锻炼方式。

虽然大脑中大多数神经细胞是不能再生的，死一个少一个，但记忆存储在神经细胞之间的连接点上，一个神经细胞与其他神经细胞之间有几千个连接点。因此，一个神经细胞死亡，不会丢失一段记忆，但会由于相关节点的丢失而导致记忆减弱、模糊。

而脑力锻炼可以不断活跃与记忆有关的神经网络，强化原有的连接点并创造新的连接点，刷新由于神经细胞死亡而造成的记忆损失。衰退是持续渐进的，而锻炼也是持续渐进的补偿过程。很多研究认为变老不是被动的，而是退化与对抗退化不断博弈的主动过程，与幼儿的发育、病后恢复非常类似，只不过发生在不同的年龄段。

▲ 海马体中神经细胞的局部特写：小球为神经细胞体，拖着的尾巴是神经纤维。左上方的细线是来自其他神经细胞的纤维。神经细胞通过纤维与其他神经细胞进行广泛联系。海马体中有些神经细胞与几百万个其他细胞相连。记忆就储存在细胞之间相互联系的连接点（突触）上

体育锻炼与脑力锻炼同样重要，主要体现在以下三个方面：

一是保持身体健康，避免高血压、高血脂、高血糖等疾病。心血管健康，大脑受益。大脑享受全身20%的供血。大脑中每根血管都负责一个重要脑结构的功能，不管哪根血管堵塞都会造成严重后果。

二是改善心理健康。人的情绪是靠大脑皮质下的神经结构控制的。这些

神经结构控制人的兴奋、幸福和沮丧等感觉。人老后，某些神经回路难免会"搭错线"，产生一些极端情绪。极端情绪会使某些激素异常释放，直接破坏记忆的形成。同时它也会抑制免疫系统和身体修复的功能，加速机体衰老。运动可以有效地让人从这些短路的死胡同里绕出来。

三是运动对增强记忆力有直接作用。运动可以增加大脑中掌管显性记忆的关键结构——海马体的血流量和体积。经常运动者的学习和记忆能力明显超过不运动者。海马体直接处理事件记忆，户外运动时，海马体必须一丝不苟地工作，否则就会找不到家。由此，海马体能得到明显的锻炼。另外肌肉在运动时会释放一种叫作 cathepsin B 的蛋白分子，它可以促进海马体分泌更多的神经营养因子，从而提高记忆能力。

需要注意的是，程序型记忆虽然是终生不忘的，但用年轻时的程序型记忆指挥老年时的肌肉却可能会出问题。

因为程序型记忆存储的是肌肉收缩的时间顺序和强度，当肌肉关节衰退后，原来的运动定式就可能造成错误，出现类似摔倒的事故。高龄老人死亡率最高的原因不是心血管疾病，不是癌症，而是摔倒后因骨折造成的卧床。卧床对人的健康是巨大的打击。因为站立本身需要调动大量肌肉参与活动，心血管需要根据姿态不同不断地调节血压。宇航员在太空中的无重力环境与卧床相似，即使是年轻人在这样的条件下过几天，也会出现站不稳、肌肉退化、骨骼中的钙大量流失等现象。

因此，持续的活动对防止老人跌倒，保持其独立生活的能力是非常重要的。

记忆与睡眠

目前，神经科学流行的一种说法是"记忆两步论"：显性记忆需要通过睡眠来巩固。

第一步发生在白天,人的大脑不断处理信息,把一部分日常经历的事件随机记录下来。一天下来,脑内很多部分(比如海马体)就储存满了,需要通过睡眠来擦除大部分无用的记忆并巩固有用的部分。

第二步发生在夜间睡眠期间,海马体会不断地与大脑皮质共同活动,回放白天的记忆并记住其中一部分。我们都有这样的经验:一觉醒来觉得昨天发生的很多事件被捋顺,记得更清楚了。这展示了睡眠对记忆的作用。

人在夜间的睡眠有几个循环,每个循环约90分钟,先是浅睡(睡眠一期和二期),几十分钟后进入深睡(睡眠三期),最后是梦境(快速眼动期),如此循环几次。老年人睡眠时间减少,主要是深睡的第三期变短,而损失的睡眠三期正是巩固记忆的"黄金睡眠"期。

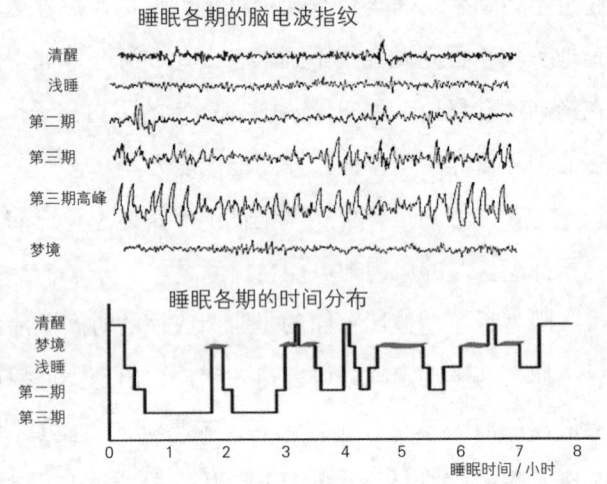

一夜睡眠的时相和分期。上:睡眠分期的脑电波指纹。睡前闭眼但清醒时脑电波是8~12赫兹的α波。进入第一期浅睡后,脑电波变慢(θ波)。睡眠加深到第二期时,有偶尔的高波和纺锤波。深睡(第三期)以高幅度、低频率的慢波脑电为主。梦境时脑电波与清醒时相似。下:睡眠各期在一夜间的循环。第一个小时中从浅睡、第二期到第三期之后出现梦境。然后再进入第二期、第三期。这个循环在一夜中出现几次

有一个著名的实验,让一群年轻的哈佛学生在一天里变为记忆很差的老人:

首先,让这些学生在睡眠实验室里,边睡边实时监测他们的脑电波信号。当第三期慢波睡眠的脑电波指纹出现时,实验人员就摇晃床,把三期睡眠破坏成浅睡。如此一夜几次晃床,虽然总睡眠时间没变,但第二天测试时,结果却十分惊人——年轻聪明的哈佛学生竟然变成了老年大学的学生,

他们的逻辑能力和显性记忆水平都大大下降。而学生自己却一点没有睡眠不佳的感觉。不过，该实验的效果是短时的，只要第二天不干扰三期睡眠，聪明的哈佛学生还是聪明的哈佛学生。这个实验说明了睡眠对记忆的重要性。

除了影响记忆，缺乏睡眠还有害健康。一夜失眠就会使血压升高，增加血糖和血液中的应急激素，并抑制免疫系统。良好睡眠的重要性超过一切体育和脑力锻炼。因此，任何年龄段的人都要尽一切努力来保证充足的睡眠。体育运动和规则生活可以帮助睡眠，因此中老年人为了有足够的高质量睡眠，也需要足够强度的体育锻炼。

技术让记忆力提高

说到如何用技术让记忆力提高，不是大脑里面插电线的粗鲁做法，而是让技术围着人转。

记忆的形成过程是神经科学的热门研究领域，目前虽然还有很多基本问题没搞清楚，但很多证据表明，人的记忆不像在计算机硬盘上存照片一样，写一次就永久存留。与之相反，长时记忆的形成必须靠睡眠中的回放。而长时记忆形成后需要在生活中不断地回想，然后根据回想再记入。

利用这个生理特性，技术就有了切入点：影像、声音和文字可以帮助场景回放，也就不断地刷新了储存于神经细胞间连接点的记忆。这和人在回忆时主动刷新记忆的过程是一样的。

● 我们常用手机在日常生活中拍照。这些照片对回忆起当时的情景有很大帮助

人们通过智能手机等设备拍摄了越来越多的照片。翻一翻过去的照片，可以让人回想起很多过去经历的细节，如果不看照片，其中大部分细节是永远不可能再回想起来的。

在不久的将来，米粒大小的无线照相机可以在眼镜、帽子或衣领上自动地定时捕捉个人和周围环境的照片，使个人拥有的照片数量增加到每秒几百张，个人的全部视觉经历将被完整地记录下来。同样，其他无线传感器可以随时把人的声音、动作、速度和地理位置等信息存储起来。每件衣服、每个物件上都有多个"一次性"相机和其他传感器。可以说，当你穿戴上这些设备，你的人生就被完整地记录了。

如此海量的图像和信息对个人来说难以掌握，但掌握信息正是人工智能和数据库技术的强项。

现有技术已经能在人脸识别方面远超人类，对语言的理解能力也能与人类不相上下。照片中所有的人脸可以被联系、索引起来，从对话中可以分析出关键字、概念串和语气指纹等。同样地，从其他视听信息中可以提取出各种信息，如从背景音乐中提取出乐曲名字、乐队演出的艺术特征指纹以及播放系统的音频指纹等信息。

这些图像、声音和文字等信息可被快速索引，由"个人记忆系统"分析整理，并按需进行场景回放。其结果是使人"过目不忘"，记住每个见过面的人，每个经历过的地方、事件，每一句交谈过的话。每当你遇见只见过一面的人，记不清楚时，智能手机会在你耳边告诉你上次在哪里见过他，谈过什么，甚至这个人的姓名、职务等，让你消除似曾相识的尴尬。

在衰老进程中，脑细胞和神经线路被持续地损伤，海马体损伤是老年失智的主要原因。

这个记忆关键点的退化使记忆逐渐变得模糊而难以回想。但技术可以帮助人们建立一个外挂的"人工海马体"，帮人不断地刷新淡忘的记忆，把远期记忆从部分损坏的神经线路中提取出来，加工修复后再存进相对完好的新线路中,避免前面提到的那种记忆差到连照片都想不起来的永久性信息损失。

这种记忆的"拐棍"有远远超过人类自然记忆的容量和提取能力,让老年人和年轻人的记忆能力不再有差别,甚至让老年人在记忆方面更有优势,因为他们有更大的个人记忆库。

社会为人们主持公道

▲电影《最终剪辑》为我们展示了记忆私有性与人类窥私欲碰撞时的灾难性结果。好莱坞的担心不是空穴来风,未来的大利益集团一定会利用个人记忆增强系统来牟利。而那时个人的选择可能是要么放弃个人的真实记忆,要么放弃"超级好记忆"

当然,把个人的经历全部记录下来可能会带来非常可怕的社会灾难。

商家和骗子也一定会利用这个技术牟利。比如入侵个人记忆系统,通过篡改数据,在回放中给人洗脑,形成虚伪的记忆,达到诸如"XX牌面膜最好用"或"我的房子不是自己买的,而是租住的"之类的虚假概念。由于这些虚假概念是从真概念的场景回放中逐渐被篡改的,本人会对其深信不疑。

这时,只能靠社会为广大受害人主持公道。社会公信不是靠空洞的文件来维持的,而是靠社会级的大计算机网络。每个人的个人经历会在多个人的经历中相互印证,形成证据链。社会级的大计算机网络通过对大量的个人记录系统进行综合分析,能够比较容易地找出被篡改的、不合逻辑的地方,自动对受到侵害的个人发出警报,自动监测从而打击骗子商家。

可以想象,在不久的未来,人的记忆主要存在于芯片中,芯片中的信息

量级可以轻易地超过人脑容量的万倍。图像和信息一经记录就被永久留存，并能通过不断回放刷新原来储存在脑中的记忆。

随着技术进步，场景回放将不再通过眼睛、耳朵和皮肤，而是通过芯片和神经细胞之间的电线。这些设想符合神经系统的生理结构和工作原理，相当于给人脑加装了比天然的海马体和新皮质能力强万倍的记忆—回放系统。

老龄化给社会、技术都带来了压力，中老年人的心头更是压了一块石头。按21世纪的生活方式，一个老人至少需要一个青年劳动力来照顾。当老龄化社会的老年人超过青年人时，社会上的全部劳动力都去当护工也不够。但是，危机总会带来更大的机遇，给技术发展带来空间。依靠基础研究对人类生理和神经系统的不断认识，老龄化社会将不再是一个只能被动应对的难题。

工业革命能造出力量超出肌肉能力百万倍的机器，信息革命当然也能造出帮人显著提高记忆力的机器，从这个角度来讲，前景是非常乐观的。

作者：吴建永（美国乔治城大学医学院神经科学系）

第四部分

疾病知多少

第四部分
疾病知多少

17. 晚上睡不着,睡眠质量差,又失眠了

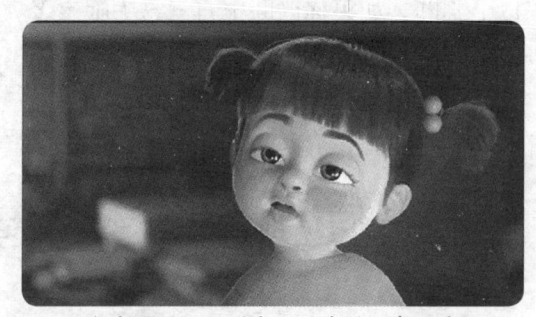

△ 失眠了,好困啊,眼皮很沉怎么办

晚上能很快入睡,一觉睡到天亮,甚至睡得昏天黑地——这大概是我们所有人的梦想。但现实情况是,许多人常常晚上头脑异常清醒,躺在床上3小时都无法入睡,毫无困意。难道是患上了失眠,成了一名失眠患者吗?

失眠,没你想的那么简单

如何判断你是否存在失眠症状呢?科学上给出了很好的界定,来了解下。

失眠诊断分为主观诊断和客观诊断,其中失眠的主观诊断标准包括:

（1）睡眠生理功能障碍（包括难以入睡、睡眠不深、易醒、多梦、早醒、醒后不易再次入睡）。

（2）白日头昏、乏力、嗜睡、精神不振等症状都因睡眠障碍干扰所致。

（3）仅为睡眠减少而无白日不适（短睡）者不视为失眠。

失眠的客观诊断标准同样有三条，分别为：

（1）睡眠潜伏期延长：入睡时间超过30分钟。

（2）睡眠维持障碍：觉醒时间增多（每夜超过30分钟）。

（3）总睡眠时间缩短：通常少于6小时。

基于以上判断，如果你已断定自己是失眠患者，失眠已经导致你白天昏昏沉沉、精神不振，那么接下来，你是不是好奇，为什么你会无法快速入睡呢？

失眠，与昼夜节律关系密切

研究表明，大脑内有一个控制睡眠的多巴胺"开关"，多巴胺是一种神经传导物质，用来帮助细胞传送脉冲，主要负责大脑的情欲、感觉，传递兴奋及开心的信息。同时，多巴胺也能促进神经元在电活性和电静息之间转换，这是睡眠需求的功能之一。

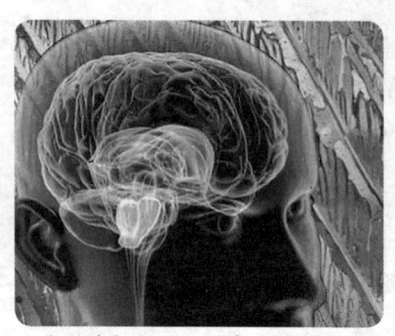
▲ 大脑内控制睡眠的多巴胺"开关"

多巴胺可直接抑制褪黑激素的产生和释放，褪黑激素是大脑释放的一种化学信息，告诉身体的其他部位该睡觉了，主要用来诱导机体进入睡眠状态。

说了这么多，究竟是什么造成了你的失眠状态呢？

或许每当想到以往倒头就睡的日子一去不复返时，你的心里就会非常烦闷，导致失眠的罪魁祸首到底是什么呢？估计不少人心中已经有数了吧，比如很多剧迷长期熬夜追剧，游戏迷通宵疯狂玩游戏，想必你也曾猜测甚至肯定地认为，正是如此通宵达旦让你由精力充沛变成了想睡却睡不着的状态吧？那么，长期熬夜是否会导致失眠，熬夜后大脑对于睡眠的缺乏是否会做出应答呢？

比利时列日大学的神经生物学家皮埃尔·马凯在国际顶尖学术期刊《科学》上发表了一篇关于睡眠与昼夜节律的论文，文中揭示了大脑应答睡眠缺失的复杂机制。研究表明，睡眠不足会导致健康恶化和大脑认知能力下降。为了研究睡眠缺乏与昼夜节律之间的关系，研究人员招募了33名志愿者，他们让志愿者连续两晚不睡，在睡眠剥夺阶段和随后的恢复性睡眠阶段扫描他们的大脑。研究人员对每个志愿者进行13次大脑扫描，其中12次在睡眠剥夺阶段，1次在恢复性睡眠阶段。随后，他们将扫描数据与褪黑激素节律进行对比。

结果显示，一些大脑区域（尤其是亚皮层区域）的活性遵循24小时节律。一些大脑区域（尤其是大脑额叶区域）的活性随着清醒时间的延长而降低。不过，在恢复性睡眠之后，这些区域的活性可以回到睡眠剥夺前的水平。还有一些大脑区域的活性表现为上述两种模式的结合。此外，扫描大脑的时间对扫描结果有很大的影响。

从人类行为方面看，大脑功能同时受到清醒时间和昼夜节律的影响。在睡眠剥夺阶段，大脑性能恶化情况与清醒时间之间并不是线性关系。大脑性能一般在白天保持稳定，在晚上快速恶化，到第二天又稍有改善。如果人类被剥夺了睡眠，脑源性神经营养因子的水平就会降低，而这种分子能够调控大脑中的突触连接，从而进一步导致神经元脑电波活动的混乱，最终导致新产生的记忆不能得到恰当的处理。

失眠、反复醒来，如影随形

对于失眠的人来说，除了每天晚上在床上翻来覆去很久才能入睡外，更让人生气的可能是，刚入睡没多久又会醒来，这样每晚反复几次，让人郁闷不已。为何失眠的人会反复醒来呢？

研究表明，在我们的大脑中存在一个"睡眠—觉醒"机制，"睡眠—觉醒"状态似乎取决于脑脊液中的离子浓度和平衡，其中钾离子似乎起关键作用，因为在"睡眠—觉醒"过渡过程中，这一离子的水平呈快速波动的状态。

事实上，通过改变脑脊液中钾离子、钙离子、镁离子等的浓度，可以改善"睡眠—觉醒"机制，由于这些离子都带正电荷，当它们在脑脊液与脑细胞之间来回移动时，它们可以改变细胞的电活动，电活动导致这些离子极化或是去极化，当神经元中的离子发生去极化时，细胞变得易兴奋、警觉和清醒。

已有研究表明，军舰鸟只需要短暂的睡眠时间，甚至可以一边飞行一边睡眠，而且即使如此持续几周，也丝毫不影响它们在海上搜寻被鲸类和其他食肉鱼类驱赶到水面的飞鱼和鱿鱼。

不过，对于"为什么人类以及其他哺乳动物睡眠不足就会痛苦不已，而鸟类却可以适应相对短暂的睡眠"这一问题，目前还没有相关的研究可以解答。不过我们可以相信，随着科学家对人类睡眠问题研究的深入，这一问题终究会被解答，失眠也一定会被彻底治愈。

作者：徐慧芳（中国科学院亚热带农业生态研究所）

第四部分 疾病知多少

18. 愤怒与抑郁背后的罪魁祸首究竟是谁

喜怒哀乐是人之常情，这些情感有强大的杀伤力，比如单凭"天子之怒"，就会"伏尸百万，流血千里"。而"抑郁"也不含糊，据世界卫生组织统计，全球每20个人中就有1名抑郁症患者。

愤怒和抑郁究竟是怎么回事？谁是这一切的幕后操手？科学家通过对小白鼠进行研究，已经有了一些结论。

● 愤怒与抑郁

愤怒：我的地盘必须听我的

愤怒似乎更多地产生于雄性动物，不仅是人类，但凡高等雄性动物大多会"怒"。"怒"在动物界更多地表现为领域行为，而领域行为在雄性身上表现得更为明显。

何为领域行为？

生态学家对"领域"一词曾有过各种解释,如"领域是动物所保卫的一个区域","领域是动物的一个排他性独占区","领域是不允许竞争对手闯入的一块禁地"等。有些生态学家对领域的解释不那么严格,认为只要动物之间(个体之间或群体之间)所间隔的距离大于它们在随机占有适宜生存环境时所间隔的距离,就可以认为是占有领域。

领域行为,简单地说就是动物占有的生存空间,允许自己或者家庭成员活动,其他生物不准闯入。你若不听,硬要闯入,它便会"怒"。很多动物的愤怒表现形式不一样:如果被激怒,川(滇)金丝猴会对你龇牙瞪眼,老虎会发出咆哮……

动物之怒

美国斯坦福大学的科学家们,偏偏就对这"愤怒之源"很好奇,于是开始研究"怒从何来"。

研究的结果是,科学家们在小鼠的大脑中发现了引起愤怒的神经元细胞,这些神经元细胞在一个叫下丘脑腹内侧的区域聚集。这块区域可以调控荷尔蒙,控制恐惧、食欲、性欲。

下丘脑腹内侧区域控制动物的"愤怒",这在之前的研究中早已被证实,算不上新的发现。这批科学家们的贡献主要在于"从中筛选出4000个参与调控愤怒情绪的神经元细胞"。要知道,从8000万个细胞中筛选出4000个参与调控愤怒的细胞,无异于大海捞针。

找到控制愤怒的神经元细胞后,科学家们发现,只要刺激这些神经元细胞,小鼠就会发怒,如同按下一个控制发怒的按钮。被激怒的雄鼠会撕咬、驱赶进入自己"地盘"(领域)的其他雄鼠,甚至连雌鼠也不放过,即便研究人员把牙刷、尺子放进去,它也照咬不误。

如果这些被激怒的小鼠进入其他小鼠的"地盘",会怎样呢?科学家们又进

行了两组实验:

第一组实验中,激怒一只单独生活的小鼠,并把它丢进关着其他小鼠的笼子。结果它怒气冲天,在笼子里反客为主,对别的小鼠又是撕咬,又是驱赶。把"主人"鼠吓了一跳。因为在小鼠的世界中,在别人"地盘"撒野的情况很少发生。

○ 处于攻击状态的小鼠

而第二组实验中使用的这只小鼠和别的小鼠生活在一起,在长期的共同生活中,建立了社群关系。同样地,外来的小鼠进入它的"地盘",它依然会"怒"。而如果把它激怒后放进另一个笼子,接触到新的同伴,这只小鼠却异常地淡定,规规矩矩地生活。

这是为什么呢?

这说明,社群关系会让小鼠保持冷静。对于建立了社群关系的小鼠来说,后天的学习让它明白,进入其他小鼠的领地要规规矩矩的,可以"怒",但是要克制,不能表现出来,否则就会"挨揍"。而那些独自生活的小鼠,没有建立社群关系,不知道什么时候可以发怒,什么时候不能发怒,一旦受到刺激就会发怒。

如果这些针对小鼠的研究,可以弄清楚小鼠产生愤怒的机制,那么这种机制对于人类可能同样适用。

○ 社群关系

抑郁的产生:大脑里的拔河赛

长期以来,人们认为抑郁症只是心理问题,现在的研究证实,抑郁症其实是一种脑部疾病,不可忽视。为什么会得抑郁症?这要从大脑的结构说起。

大脑中有一个叫作海马体的结构，它的下方存在一个叫作外侧缰核的部位，它是大脑中的一个"反奖励中枢"，是一个"坏机构"，人的种种负面情绪，比如恐惧、焦虑紧张，都和它有关联。与此同时，在海马体的下方还存在一个"好机构"——单胺核团，它被称为"奖励中枢"，是人们产生快乐情绪的地方。

人体的精妙之处就在于动态平衡，哪一方太强都是不利的。"好机构"和"坏机构"是彼此制衡的，如果"坏机构"的势力太强，负面情绪就重，人就抑郁了。同理，"好机构"的势力过强也不行，那样容易造就一个快乐的、傻头傻脑的人。这两个机构平日里是如何运作的呢？

浙江大学胡海岚团队在2018年揭示了外侧缰核的一种特殊放电方式，弄清楚了抑郁产生的机制：

平日里"奖励中枢"和"反奖励中枢"都是通过放电来发号施令，从而控制情绪的。一般情况下，这两大机构都是单次放电，好比两军打仗，装备是半自动步枪，势均力敌。由于种种原因，"反奖励中枢"突然升级了装备，拥有了重机枪。这样，"反奖励中枢"不再单次放电，而改为"簇状放电"，那么"奖励中枢"就没得玩了。结果就是负面情绪占据了主导，抑郁症状产生。

图中描绘了外侧缰核与两种情绪状态下的小鼠

科学家是通过对比

正常小白鼠和抑郁小白鼠大脑区域的反应得出上述结论的。

可是，正常的小白鼠好找，但如何找到抑郁的小白鼠呢？这时就要对小白鼠进行"强迫游泳"实验了：把几只小白鼠同时丢进水中，正常的小白鼠会拼命挣扎，表现出强烈的求生欲望。而那些抑郁的小白鼠则表现出"行为绝望"——瞬间放弃，进入悬浮不动的状态。接下来，科学家们通过光遗传学技术，诱发小白鼠外侧缰核的簇状放电，相当于给"反奖励中枢"发高级装备。然后再把小白鼠丢进水中，于是上次还在求生挣扎的小白鼠，立即"生无可恋"了。

有没有药物可以缓解和治愈抑郁

到底有没有药物可以缓解和治愈抑郁呢？当然有。

外侧缰核的簇状放电依赖大脑中最主要的兴奋性神经递质——谷氨酸受体。如果有一种物质能够阻断外侧缰核"放大招"——开启簇电模式，杀杀"坏机构"的气焰，此消彼长，它的对头"好机构"就会起到作用，抑郁的症状就可以减轻了。

有一种药物——氯胺酮，可以通过阻断外侧缰核的簇状放电来发挥作用，帮助"奖励中枢"对付"反奖励中枢"，进而减轻抑郁的症状。但是，这里也面临一大风险，氯胺酮也是毒品K粉的主要原料，对人类的副作用较大。不过，发明氯胺酮药物在先，弄懂其作用机制在后。也就是说，之前

氯胺酮的结构式

医生给抑郁症患者吃这种药物的时候，只知道这种药物管用，至于为什么管用，他们其实并不完全明白。

氯胺酮作为一种毒品原料，在临床上作为抗抑郁药物使用，还有很大的局限性。科学家们仍在寻找和设计更为安全有效的抗抑郁药物。目前，科学家们又发现了多个崭新的药物靶点，希望能研制出更好的药物。

作者：赵序茅（中国科学院动物研究所）

基因检测,到底要不要做

基因检测技术虽然仍处于研究阶段,但它其实已经进入我们的生活。

于是大家都面临一个问题:基因检测,到底要不要做?

其实,最简单的答案就是:能做就做,持开放的态度。结果仅供参考,心态要放松。

现在,就让我们好好聊聊为什么基因检测能做就做,以及做完之后如何看待它。

首先,基因检测代表了医学发展的大趋势,也就是从粗犷的、依赖单个医生的、以治疗疾病为目的的模式,转变成精准的、依赖大数据分析的、以预防疾病为目的的模式。

简单地说,要是翻看一下国内外最新版临床诊疗指南,你会发现原来针对某一种稀有病,如小细胞肺癌的疗法非常多。在临床上,医生会视情况选择对应的疗法。但是,这种"多"仍不够细,因为它们是建立在大型临床结果基础上的,并不适用于所有人。如果有一种疗法组合或药物组合,可以为单个病人量身打造,那就太好了。这就需要用到基因检测。

仍以肺癌为例,现在对肺癌的病理诊断早已达到基因水平,那种不做基因检测就乱吃靶向药的做法绝对是错误的。

靶向药是肺癌病人最后的救命药，有的靶向药疗效甚至好于化疗。

最近两年，医药巨头们研制的 PD-1 抗体类药，让病人无须住院、无须打针，只需按时吃药就行。但如果不做基因检测，即使这种药的整体有效率高达 80%，对有的病人来说有效率可能也是 0。

除了肺癌诊疗领域，基因检测适用的范围越来越广，可以检测的基因越来越多，这跟临床科研的发展有关。

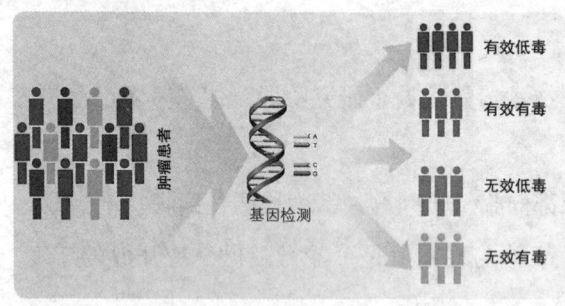
▲肿瘤患者的基因检测

简单地说，如果在美国霍普金斯医学院的一间实验室里，突然发现了关于人类身高的基因，深圳的某生物科技公司就可以开足马力，根据论文结果制造出人体身高基因的检测试剂盒，紧接着，上海的一对父母就可以使用此试剂盒，对自己三岁儿子的身高基因进行检测，看一看将来他有可能长多高。

在中国专利数据库，你会发现各种各样检测人类基因的相关专利，如检测运动基因、近视风险基因、α-地中海贫血基因、耳聋基因、乳腺癌基因、肝癌基因、胃癌基因、结直肠癌基因的专利，甚至还有检测"执着性格"基因的专利。2010 年后，基因检测专利数量爆炸式增长，它们对应的基因检测项目也五花八门，总有一项是你想尝试一下的。

更有意思的是，有的基因测序公司把基因检测玩出了新花样。某基因检测公司与伦敦一家啤酒厂合作，用基因检测结果为客户酿造"最合口味"的啤酒。他们对客户的唾液进行测序，检测口腔味觉感受器基因 TAS2R38 对丙基硫氧嘧啶的敏感度，后者是一种可以从黑啤酒中提取的类似苦味剂的物质。这样，酿酒师就可以知道客户对苦味的喜好，从而为他定制"最合口味"的啤酒。当然，这样一桶 1200 升的啤酒，最低卖 25000 英镑，约合 21 万元人民币。

那么，这些公司的产品真的靠谱吗？比如，给孩子做检测身高基因的项目，真的可以预测孩子未来的身高吗？

某啤酒厂为客户酿造"最合口味"的啤酒

要回答这个问题，我们需要从基因检测的理论领域来到实际应用领域。

目前为止，人类两万多个基因中，只有少数基因为我们所了解，绝大部分还是谜。

人类某个具体性状，其对应的基因可能像乳腺癌一样，只有1～2个基因最为关键，也可能跟智力一样，对应的是数十个甚至是几百个基因，比如身高，它就受到了近700个遗传变异的影响。

于是就会出现这种情况：可能去年霍普金斯大学医学院的科学家发现了一个身高基因，你为孩子做了对应的基因检测。但今年波士顿儿童医院的科学家又发现，至少有83个罕见遗传变异，显著影响人类身高。你难道还要做其他82次检测？

即使只有一个对应基因需要做，最终结果也可能是有争议的，这取决于公司的技术实力和结果解读者的分析。

之前有记者专门做过实验，他在三家机构做了三次相同基因的检测，结果三家机构给出的结果大相径庭，他最后的结论是基因检测不靠谱！

其实，并不是基因检测不靠谱，而是人不靠谱。全国政协委员、中国科学院院士、国际遗传学专家贺林在2017年就公开表示，我国职业大典中还没有设置遗传咨询师的岗位，这对解读基因密码的工作很不利。

以孕妇无创产前检测为例，孕妇要做的工作很简单：

（1）无创方式取样，抽一试管血液；

（2）送检；

（3）等待胎儿罹患染色体遗传病的报告。

但实际流程中，技术人员要对400～500个基因的外显子进行检测，这些基因约占基因组的1%～2%，还要对特定亚组的基因进行测序。

除此之外，有些基因检测公司还会根据前沿科研成果，利用微阵列技术，对血液中的RNA进行检测。

最终，各种测序仪给出的遗传图谱还要靠专业遗传咨询师的解读，才能最终形成报告，送达孕妇手上。

所以，一份检测报告拿到手，你应该清楚：它是由人解读出来的，检测所用到的仪器和检测探针，也是由人设计出来的，凡是有人的地方，就可能会有差错。

一句话，这本人力之书跟你的"生命天书"在真实性上是有出入的。

基因检测只能预报你罹患某种疾病的风险，而不可能像算命一样预测你的"死因"。

最后温馨提示大家：

有些与疾病相关的、较为成熟的基因检测项目，可以做并且应该做。

比如2017年《临床肿瘤学杂志》上一项研究发现，结直肠癌易感基因突变概率高达10%，比之前认为的高了7个百分点。假如有更多的基因检测，就不会遗漏7%的高风险人群。

但是，检测结果拿到手后，应该放松心情，做任何决定前都要多与医生沟通。《英国医学杂志》曾公布，受安吉丽娜·朱莉影响，大量女性为了降低癌症风险，接受了根本不必要的双侧乳房切除术。这就有点儿杯弓蛇影了。

作者：韩飞（中国科学院上海生命科学研究院植物生理生态研究所）

听说你缺乏维生素D，别急，看完再决定要不要补

生活中，我们最常见到的保健品广告莫过于补钙类保健品广告，对于很多人来说，潜意识里总觉得自己缺钙。

可是，光补钙是不行的，补进去的钙能不能吸收，很大程度上跟维生素 D 有关。那么，你真的了解维生素 D 吗？

维生素D被发现

维生素 D 是维持生命所必需的一种类固醇衍生物，又称"抗佝偻病维生素"。它是体内钙磷代谢最重要的调控因子，主要通过阳光合成，因而也被称为"阳光维生素"。

维生素 D 的发现历程就是人类与佝偻病抗争的历史。

早在 17 世纪，人们就认识到佝偻病的区域性流行，在儿童中尤为多见。患佝偻病的儿童因全身钙磷代谢异常引起骨骼钙化不良，常出现骨骼畸形，严重影响生长发育。18 世纪后期，人们发现鱼肝油能够治疗佝偻病，并推测可能是鱼肝油含有某种抗佝偻病的因子，但对其中的机理一直不甚清楚。

1922 年，美国生化学家艾尔默·马克伦发现不含维生素

A 的鱼肝油同样具有抗佝偻病的效果,并将这种抗佝偻病的因子命名为维生素 D,即第四种被发现的维生素。

1925 年,德国科学家阿道夫·温道斯证实皮肤中的胆固醇在阳光照射下能够转化成维生素 D,终于解开了为什么晒太阳也能够预防佝偻病这一谜团。阿道夫·温道斯因此获得了 1928 年的诺贝尔化学奖。

关于维生素D的研究现状

如今,维生素 D 是国际上最受关注的营养素和研究热点之一。

近年来的研究表明,维生素 D 除了能够维持骨骼健康(如降低儿童佝偻病和成年人骨折及骨质疏松发病风险)外,还与血糖异常和胰岛素拮抗直接相关,缺乏维生素 D 会显著增加罹患代谢综合征、Ⅱ型糖尿病和心血管疾病的风险。

在临床医学上,人们常用 25- 羟基维生素 D[25(OH)D] 来评估维生素 D 的含量水平。美国内分泌协会在 2011 年分别将 25(OH)D<50 nmol/L,50 ≤ 25(OH)D<75 nmol/L,和 25(OH)D ≥75 nmol/L 定性为维生素 D 缺失、不足和充足。

但是,目前人们对维生素 D 的最佳含量水平尚未取得共识。基于国外研究数据得到的维生素 D 营养状况的定义标准是否适合中国人,也亟需更多的研究去证实。我国关于维生素 D 的人群研究起步较晚,迄今仍缺乏全国性的数据。

中国科学家在"中国老龄人口营养健康状况研究"这一前瞻性流行病学队列中发现,维生素 D 的缺乏和不足在 3210 名京沪城乡老年人群中分别高达 69.2% 和 24.4%。

同时,与高维生素 D 含量水平 [25(OH)D ≥ 57.7 nmol/L] 的调查对象相比,低维生素 D 含量水平 [25(OH)D ≤ 28.8 nmol/L] 的调查对象罹患代谢综合

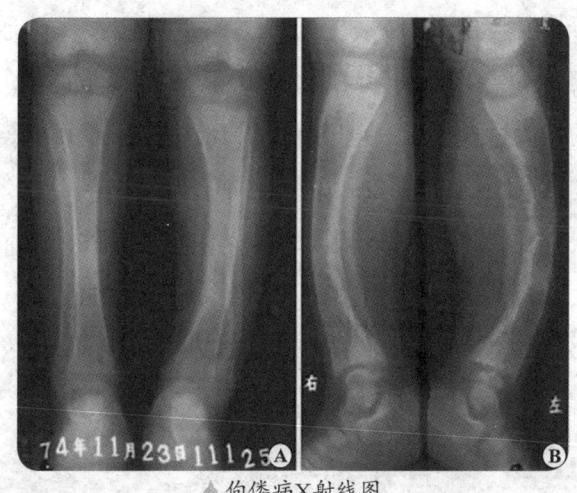
🌢 佝偻病X射线图

征的风险增加了 52%。

而在超重和肥胖人群中，维生素 D 的缺乏还与胰岛素抵抗呈显著负相关。

通过为期 6 年的追踪研究，我们进一步发现，维生素 D 的含量水平与肌肉衰减综合征的发生风险相关，与 25(OH)D ≥ 50 nmol/L 的调查对象相比，25(OH)D<25 nmol/L 的调查对象 6 年后的四肢骨骼肌质量会多下降 0.34 千克。

是否需要特意补充维生素D

人体可以通过膳食摄入和皮肤合成两种途径获得维生素 D。

但是，由于日常膳食中维生素 D 的含量低，单纯依靠膳食摄入不能满足人体对维生素 D 的营养需求。

有研究表明，每天至少喝一杯牛奶，食用富含多种维生素的食物，且每周至少吃一次大马哈鱼，仍有 32% 的人缺乏维生素 D。

此外，维生素 D 的皮肤合成需要有充足的阳光照射，该合成过程受到个体遗传背景、地理环境、光照强度、季节、天气和防晒措施等多种因素影响。

应该指出的是，一方面，我国居民的维生素 D 食物来源较为匮乏，日常膳食中不但缺乏富含维生素 D 的食物，如金枪鱼和鳕鱼等深海鱼类，也缺乏强化维生素 D 的食物如强化牛奶等；另一方面，我国约有 3 亿 1800 万人居住在高纬度地区（超过北纬 37°），有研究表明生活在高纬度地区的个体无法在冬天通过皮肤合成足够的维生素D。

与此同时，我国国民受崇尚"美白"的传统文化的影响，经常采取防晒措施，这会阻断皮肤与阳光的接触，导致无法合成维生素D。例如，防晒指数为15的防晒霜几乎能完全阻断维生素D在皮肤中的合成。

此外，老年人、深色皮肤者、肥胖者、胃肠道疾病患者和长期因夜班工作等生活方式而无法接触到足量阳光的人群是维生素D缺乏的高危人群，他们需要通过营养补充剂来保证充足的维生素D的摄入。

如何正确补充维生素D

维生素D的食物来源包括香菇、酵母等植物性食物，以及深海鱼类（如鲱鱼、大麻哈鱼和沙丁鱼等）和鱼肝油，少量来自动物肝脏、牛奶和蛋黄等动物性食物。

美国医学研究院推荐1~70岁人群的每日维生素D摄入量为600国际单位（IU），70岁及以上人群则为800 IU。

与此同时，中国营养学会在最新发布的《中国居民膳食营养素参考摄入量（2013版）》中，推荐65岁以下居民的每日维生素D摄入量为400 IU，65岁及以上人群则为600 IU。

考虑到维生素D的食物来源有限，而长时间的阳光暴晒又有可能增加罹患皮肤癌的风险，因此采用维生素D补充剂的方式对于降低维生素D缺乏相关疾病的发生率是一种经济有效的方法。

然而，每个人体内的维生素D是否充足取决于每个人的代谢特征、生活环境、生活方式和饮食习惯等，

▲ 维生素D的食物来源

不能一概而论。例如，维生素 D 的代谢特征在很大程度上受到相关基因变异的影响。

我们在"中国老龄人口营养健康状况研究"的队列人群中发现，维生素 D 代谢相关基因的遗传变异与 25(OH)D 含量水平存在显著关联关系，携带 5 个以上风险等位基因的个体比不携带风险等位基因的个体血液的 25(OH)D 要低 11.4 nmol/L。

最近，研究人员通过在维生素 D 缺乏人群中开展的一项随机双盲对照临床干预研究（共 76 人）发现，每日补充维生素 D 含量在 400 IU（我国推荐摄入量）至 2000 IU（我国可耐受最高摄入量）的范围，能显著提高血液中 25(OH)D 的含量水平，并且未观察到明显的副作用。

然而，即使在 2000 IU 组，干预 16 周后仍有 20% 的维生素 D 缺乏率。在后续的一项系统探讨维生素 D 补充效能影响因素的随机双盲对照干预研究中（共 448 人），我们也发现，每日补充 2000 IU 维生素 D 仍然无法改善 25% 干预对象的维生素 D 缺乏症状。

进一步分析发现，相对于非遗传因素，如干预前的 25(OH)D 含量水平、体质指数和性别而言，遗传变异对于补充效能的影响更大。

例如，携带 6 个风险等位基因的个体与携带 0～1 个风险等位基因的个体相比，前者干预后的 25(OH)D 含量增幅要低 13.2 nmol/L，即需要额外补充每日 860 IU 的维生素 D 才能达到同等效果，而该剂量已超过我国目前的推荐摄入量。

此外，肥胖因素也会影响补充效能，身体质量指数（BMI）每增加 $1kg/m^2$，25(OH)D 含量的升高幅度会减少 1.9 nmol/L。

综上所述，在针对维生素 D 缺乏人群制定补充方案时，应充分考虑影响个体维生素 D 代谢的遗传因素、生活方式和饮食习惯等，根据个体特征（危险因素）来调整补充剂量和方案，以满足其个性化的营养需求。

但是，维生素 D 的补充也并不是"多多益善"的。

由于维生素 D 是脂溶性的，长期补充（超）大剂量维生素 D 会导致其在体内蓄积而引起中毒。

到目前为止，根据对西方人群的研究，如果维生素 D 每日摄入量不超过 10000 IU，就不会表现出明显的副作用，但极少数高敏感性体质的个体在服用高剂量的维生素 D 时，可能会出现高维生素 D 血症、高钙血症或高钙尿症，表现出恶心呕吐、食欲不振、嗜睡、脱水等症状。

虽然目前尚无确切证据表明过量服用维生素 D 会导致癌症，但是为了避免维生素 D 补充过量的潜在风险，建议大家遵循推荐摄入量进行补充来预防维生素 D 缺乏。而且，相较于肌肉注射，首选口服补充，因为这对我们的身体健康更有利，若不得已需要大剂量补充，必须进行密切监测，避免维生素 D 中毒。

总之，维生素 D 缺乏是一个全球普遍存在的营养和健康问题，补充维生素 D 是否能作为一种经济有效的慢性疾病干预方法，目前已成为国际营养和慢性疾病研究领域的热点之一。

作者：姚虎　孙亮　黎怀星　林旭（中国科学院上海生命科学研究院）

● 第四部分 疾病知多少

21. 自闭症的"天才星星"知多少

▲ 自闭症儿童的绘画作品

由腾讯公益牵头组织的"艺术点亮生命公益筹款"活动进行时,大家被活动中展示的自闭症、智力障碍与精神障碍患者的画作刷屏了。

人们在惊叹他们的奇妙画作的同时,不由得产生疑问:这些日常生活都无法自理的脑疾病患者,如何画出如此奇幻的作品?

自闭症患者,通常被称为"星星的孩子",他们无法与家人或同伴有效地沟通,还有重复刻板等许多行为指征。这种先天性的神经发育疾病困扰着全世界数以万计的孩子和他们的家庭。

自闭症患者中的"天才星星"——学者症候群

1988年,美国电影《雨人》让"自闭症"这个医学概念走进了千家万户,其中"雨人"雷蒙德刻板而具有超强计算天赋的形象深入人心。

随着自闭症诊断标准的不断更新，全世界的自闭症及自闭症谱系障碍患病率达到千分之几。

究竟有多少自闭症患者会像"雨人"一样具有超常天赋呢？

如果走进自闭症康复中心，您也许会发现，自闭症孩子都不想与您交流，在这种情况下，我们如何知道他们是否具有某些超常的天赋呢？

▲电影《雨人》剧照（右侧为"雨人"雷蒙德）

其实，在这些具有严重发育障碍，包括自闭症与智力障碍等的患者中，发现超常天赋的现象在医学界已有多年的研究，电影《雨人》的顾问之一——达罗·特雷费特医生，就是研究此类疾病的权威，患有这类疾病的人群被称为学者症候群。

学者症候群特指具有某些严重缺陷的人群具有某些超常的天赋，而且这些天赋往往集中在少数几个方面，如数学、音乐、绘画、记忆等。

电影中，"雨人"雷蒙德的原型人物金·皮克就是一个被医学界与科学界惊叹的天才，他与一个生活不能自理的严重智力障碍患者并无二致，他的智商（IQ）测验成绩只有87分，属于医学意义上典型的智力障碍，成年后仍然无法自己穿衣等。但是他的大脑就像一块永远无法存满的硬盘，拥有超强的记忆力。

他把超过12000本书的内容全部存在脑子里，并可随时查阅里面的内容。他与别人交谈的时候，会先问对方生日，然后如数家珍地说出那一天世界上哪些国家发生过哪些大事，并且在脑海中马上计

▲电影《雨人》中雷蒙德的原型人物金·皮克

算出对方何时退休，那天是几月几日星期几。

金·皮克出生于1951年，成年后由父亲陪伴着在全世界旅行，表演这些天赋。他告诉全世界，医学上定义的智力障碍病人也可以具有惊人的记忆天赋。

2009年，金·皮克突发心脏病去世。这些表演的影像资料被完整地保存了下来，作为医生与科学家们研究的重要素材。

特雷费特医生对学者症候群进行了详尽的研究，并在美国威斯康星州成立了专门研究学者症候群患者的特雷费特中心。特雷费特医生就此话题撰写了多部畅销著作，其中最新的一部是《孤岛天才》(Islands of Genius)。笔者读完此书的感叹是，金·皮克的幸运不仅仅是具有天赋，更重要的是有一个包容他的家庭、包容他的社会，让他的惊人天赋可以充分发挥出来。

金·皮克的父亲一直精心呵护孩子的成长，金·皮克小时候生活无法自理，医生屡次建议送他去社会福利机构、放弃教育等，父亲都坚持在家庭里给金·皮克足够的爱，直到他的天赋显现，父亲又给他提供足够的书籍来阅读，主动培养他的天赋。

《孤岛天才》一书，还提到了另外两个著名的自闭症天才的例子：美国亚利桑那州立大学的坦普·葛兰汀教授和英国的"人眼相机画师"斯蒂芬·威尔夏。他们儿时都是在父母与社会的包容与培养和充满亲情的环境中长大，慢慢克服自己的行为障碍，慢慢地适应这个社会，让自己的天赋得以充分发挥。

中国的"天才星星"在哪里

在自闭症及其他神经发育障碍疾病患者中，确实有可能出现一些具有某方面超常天赋的天才。那么中国的自闭症患者中有没有这种天才呢？

腾讯公益活动给我们展示的是一部分自闭症、智力障碍、精神障碍患者

的画作。展现在大众眼中的这些美妙的画作背后，是孩子们辛勤的汗水和无数培养训练这些孩子们的老师与父母的汗水。自闭症孩子通常是很难与其他同伴或老师交流的，老师们需要花费对正常孩子数倍的精力和耐心才能对自闭症孩子进行有效的辅导。这些自闭症孩子们的画作早在数年前就在北京、上海等各地多次展出。

绘画其实只是学者症候群中的天赋之一，其他常见的天赋还有数学、音乐以及闪电计算，如计算日历等。我们在上海与各大医院合作研究自闭症的过程中，陆续接触到很多具有"活字典"本领的自闭症孩子。

同样，他们其实也是通过不断地练习才能达到比较熟练的程度。令人感叹的是，普通人无论怎么练习，也很难完成在他们看来轻而易举的脑中计算。

他们的大脑中究竟发生了什么？他们的自闭症易感基因是否与其他人不同？是否有所谓的"天才自闭症基因"？这些都是我们正在研究的科研课题。

天才在人间

从科学与医学的角度，我们还无法估计自闭症患者中究竟有多少天才，原因很简单，在无法与被试者有效沟通的情况下，所有测试都是不准确的。比如上文中提到的对天才金·皮克的智商测试只有87分。那么，这些天才对我们究竟有什么意义呢？我想可以从以下几个方面来思考。

首先，这种自闭症患者以及智力障碍患者中出现的超常天才是医学与科学的重要研究课题，是我们揭开大脑神秘功能的钥匙。如果我们得知何种大脑工作原理让人脑可以具有如此的"超能力"，这对有效提升人类自身能力有非常高的价值。

其次，这让我们认识到，患有自闭症的孩子并不是不可教育的，他们往往需要比正常孩子更多的爱与关切才能正常成长。无论是否有天赋，自闭症孩子都具有非常严重的行为学障碍，在这种情况下，来自家庭与社会的爱，对他们的健康成长非常关键。

美国 1970 年通过了自闭症孩子的公平教育法案，给自闭症孩子与家庭提供了宝贵的教育机会，让自闭症孩子长大后生活可以自理，可以逐步进入社会，不再成为家庭与社会的负担。

诚然，自闭症孩子不可能个个都是天才，在无法对天才和具有天赋的孩子做准确估计的情况下，我们所能做的，是用我们的关心与爱护去帮助他们成长。

笔者还会继续从事自闭症的基础研究，希望从科学的角度来研究自闭症患者的行为障碍以及天才的神经基础。我们期待同临床医生、自闭症患者的家长们以及社会大众一起，用积极与宽容的心态对待自闭症孩子的成长，帮助这些"星星的孩子"融入人间。

作者：仇子龙（中国科学院神经科学研究所）

图书在版编目（CIP）数据

科学在身边 / 王屹峰，王英伟主编. -- 杭州：浙江教育出版社，2019.9
（科学文化素养丛书）
ISBN 978-7-5536-8797-1

Ⅰ．①科… Ⅱ．①王… ②王… Ⅲ．①科学知识－普及读物 Ⅳ．①Z228

中国版本图书馆CIP数据核字(2019)第078416号

科学文化素养丛书　科学在身边
KEXUE WENHUA SUYANG CONGSHU KEXUE ZAI SHENBIAN

本册主编　王屹峰　王英伟

责任编辑：王婷婷	**美术编辑**：曾国兴
特约编辑：郭贝妮	**封面设计**：杭州林智广告有限公司
责任校对：傅文文　戴正泉	**责任印务**：曹雨辰

出版发行：浙江教育出版社
　　　　　　（杭州市天目山路40号　邮编：310013）
图文制作：杭州林智广告有限公司
印刷装订：浙江新华数码印务有限公司
开　　本：710 mm×1000 mm　1/16
字　　数：165 000　　　　　　**印　张**：8.25
版　　次：2019年9月第1版　　**印　次**：2019年9月第1次印刷
标准书号：ISBN 978-7-5536-8797-1
定　　价：30.00元

版权所有·翻印必究
网　　址：www.zjeph.com
如发现印、装质量问题，请与承印厂联系。联系电话：0571-85155604